编 委 会

主　编：潘　征
副主编：黄拔荣　　王　丰　　陈元邦
编　委：卢亨强　　黄锦萍　　罗小成

聚力「蝶变」

政和乡村振兴故事

福建省乡村振兴研究会
中共政和县委
政和县人民政府 编

海峡出版发行集团 | 海峡文艺出版社

图书在版编目(CIP)数据

聚力"蝶变":政和乡村振兴故事/福建省乡村振兴研究会,中共政和县委,政和县人民政府编.--福州:海峡文艺出版社,2025.6
ISBN 978-7-5550-4098-9

Ⅰ.F327.574

中国国家版本馆 CIP 数据核字第 2025BK1430 号

聚力"蝶变"
—— 政和乡村振兴故事

福建省乡村振兴研究会	
中共政和县委 编	
政和县人民政府	
出 版 人	林 滨
责任编辑	林可莘
出版发行	海峡文艺出版社
经　　销	福建新华发行(集团)有限责任公司
社　　址	福州市东水路76号14层
发 行 部	0591-87536797
印　　刷	福州力人彩印有限公司
厂　　址	福州市晋安区新店镇健康村西庄580号9栋
开　　本	700毫米×1000毫米　1/16
字　　数	220千字
印　　张	18.25
版　　次	2025年6月第1版
印　　次	2025年6月第1次印刷
书　　号	ISBN 978-7-5550-4098-9
定　　价	88.00元

如发现印装质量问题,请寄承印厂调换

前　言

茶香竹韵城，政通人和地。千年古县政和地处福建北部、闽江源头，在这片红色沃土上，"奇异福建龙"和"政和八闽鸟"化石穿越时空，中国白茶城、中国竹具工艺城交相辉映，朱子文化、红色文化、廖俊波同志先进事迹浸润人心，处处洋溢着乡村全面振兴的勃勃生机与活力，一幅城乡协同发展的画卷正在政和大地徐徐展开。

政和从摆脱贫困中走来，踏上了乡村全面振兴的新征程。习近平总书记在福建工作时三进政和考察调研的场景历历在目，对政和"三农"等工作的嘱托言犹在耳。多年来，政和县始终牢记嘱托、接续奋斗，深挖理论和实践"富矿"，扭住目标不放松，一张蓝图绘到底，学习运用"千万工程"经验，以县域为重点统筹推进新型工业化、新型城镇化和乡村全面振兴，编制完成《县域乡村振兴规划》《和美乡村建设导则》，打造"县城—中心镇—重点村"发展轴，加快构建具有政和特色的"一城三带、百村推进"城乡融合发展格局，创新"一统二引三聚合"机制入选福建省改革优秀案例，联农带农机制获评第四届全球最佳减贫案例。如今，政和挥洒着共规、共建、共管、共享

聚力"蝶变"
——政和乡村振兴故事

的基层社会治理笔触,绘就了一幅山水美、田园美、村貌美、庭院美、乡风美的现代版《富春山居图》。

《聚力"蝶变"——政和乡村振兴故事》是作家们深入政和乡村基层采风后记录的一个个令人感动的乡村振兴故事。相信读者在细细品味本书的同时,也会渐渐掀开曾经遮掩着政和乡村的朦胧面纱,在阅读中邂逅政和风光,向往乡村生活。

这里特色产业优势明显,已初步形成三产融合、文旅康养、高山生态农业3条乡村振兴建设带,先后获评"中国茶业百强县""茶业新质生产力研发基地""中国高山蔬菜之乡"等称号。这里各方人才近悦远来,越来越多"新政和人""新乡亲""新农人"回归、扎根政和创业兴业,一批批科技特派员把乡村振兴的论文书写在这片政通人和的热土上。这里人文底蕴深厚绵长,宋徽宗曾品茗政和贡茶而御赐县名,朱子理学在此萌芽发端,"中国戏剧活化石"四平戏以古朴粗犷的历史面貌保存至今,38个国家级、省级历史文化名村和传统村落镌刻着岁月的印记。这里峰岭逶迤山明水秀,高山平原"二元地理气候"造就了"一江春水向西流"的丰富生态景观,全县森林覆盖率达79.6%,素有"福建凉都"的美誉,形成佛子山、洞宫山、石圳湾旅游"金三角",成为闻名遐迩的"健康中国·康养旅游百强县""中国最佳生态康养旅游名县"。这里党群连心共富同行,推行"吃茶话事""坐坐群众小板凳"等基层治理工作机制,打造"党群连心家园""就业创业家园"等多元化党建服务平台,深化"党建体检""乡村振兴公司""乡村资源流转贷"等乡村产业振兴"五合一"链条模式,以"共富农场"等创新举措稳步推进全域"共富农村"建设,以互助型"幸福里"养老社区、"4+N"全民健康网格化服务等创新做法温暖民心,以建设廖俊波体育中心、福山福道等一批群众可感可及的项目,让群众的获得感成色更足,幸福感更可持续,安全感更有保障。

扬帆奋楫蓄势起,乘风破浪正当时。乡村振兴,是中华民族伟大复兴的根基工程,是破解城乡发展失衡的时代命题,更是政和人民对美好生活的殷切期盼。政和正以深化拓展"深学廖俊波,三争做表率"为引领,因地制宜,各展所长,在奋勇争先中发挥优势,在再上台阶中多做贡献,推动农业增效益、农村增活力、农民增收益,走出一条具有山区特色的乡村全面振兴之路。

目录 CONTENTS

- 1 政和乡村，从摆脱贫困到振兴的蝶变 / 陈元邦
- 12 "翻身垄"里谱新篇 / 李隆智
- 21 一片叶子一座城 / 罗小成
- 32 一惊三叹 / 戎章榕
- 39 暖风和煦
  ——记传承朱子文化助力政和乡村文化振兴 / 马照南
- 46 廖俊波的乡村纪事 / 张建光
- 54 政和廊桥的诗与远方 / 陈毅达
- 60 凤林的文旅品牌 / 唐颐
- 65 一渠引来幸福水 / 禾源
- 72 茶事佳话 / 何英
- 80 为土地赋能 / 沉洲
- 87 竹具工艺话振兴 / 黄锦萍
- 94 稻香村里白茶香 / 景艳
- 101 食在东平 / 陆永建
- 106 山高水长，云上花开 / 宋毓宁
- 113 打通"沉睡"资源的"变现"渠道
  ——从政和生态银行的几个故事说起 / 陈元邦
- 122 星水朝霞 / 陈明贵

129	筹岭·愁岭·稠岭	/ 张建光
137	科创园里科创忙	/ 张积义
144	绿海逐金浪	/ 刘永锋
150	福地杨源	/ 马照南
157	放不下的爱	/ 徐庭盛
165	上山下地送真经	/ 沉洲
172	劳模和他的村庄	/ 郭义清
178	祥福竹语	/ 禾源
185	瑞和,高山上的白茶庄园	/ 黄锦萍
191	蝶变	/ 徐炳书
198	竹生新箨筑梦圆	/ 景艳
204	锦绣锦屏	/ 潘黎明
211	白茶·红茶·花茶	/ 陆永建
217	翠竹奏响乡村振兴曲	/ 吴衍连
224	同源鲤鱼溪　文旅相媲美	/ 唐颐
230	只此青绿,不止青绿	/ 袁瑛
238	稠岭素菜宴	/ 何英
247	悠悠高山梦　醇醇美椒情	
	——湘源村高山蔬菜侧记	/ 吴长有
254	新时代的小康村	/ 戎章榕
263	四平戏的前世今生	/ 魏荣凯
269	念山之变	/ 罗小成
278	此心安处是吾乡	/ 余开香
283	后记	

政和乡村，从摆脱贫困到振兴的蝶变

◎陈元邦

一

最近，位于福建省北部闽浙交界处的小城政和吸引了世界的关注。"奇异福建龙"与"政和八闽鸟"的相继发现，聚焦了世人的目光。前者是目前发现的侏罗纪最晚期和地理位置最南的鸟翼类恐龙，后者是目前世界上已知最早的鸟类之一，将现代鸟类身体构型出现的时间提前了近2000万年。这一系列里程碑式的发现令国外学者惊叹不已，政和也在全球范围内迅速出圈。人们在地图上搜索政和的位置，这座县城也因此增添了几分神秘的色彩。

说起政和的神奇之处，不仅在于它的诸多新奇发现，还在于它的县名由来。政和得名于皇帝的年号，政和五年（1115），宋徽宗品饮了这里的白毫银针后龙颜大悦，遂将"政和"这个年号赐予该县作为县名，使其成为历史上唯一一个因茶而得名的县。

在我的印象中，政和既是一个历史悠久且因茶闻名的县城，又曾是一个与贫困紧密相连的地方。20世纪80年代，同事听说我要去政

聚力"蝶变"
——政和乡村振兴故事

政和熊城（陈昌村 摄）

和，打趣说那是福建的"西伯利亚"，意思是这里是一个比较贫困的地区。当我第一次走进政和，一路上尘土飞扬，车辆在起伏蜿蜒的山路艰难前行，抵达县城时，已经略显狼狈。那一次，我前往了被人称为"二五区"的杨源、澄源、镇前三个乡镇，那里的一幕幕场景至今仍深深印刻在我的脑海中：当地的女子依旧保留着"三寸金莲"，发髻抹着茶油，显得油腻发亮，身着青绿长衫，提着"火笼"取暖，有

人说"长了这么大，还没有进过县城"。我把当时的印象告诉在政和挂职的朋友，他笑着说："这是老皇历了，政和今非昔比了。"他建议我再去看看，更新一下对政和的固有印象。

朋友的话激起了我再次走进政和的念头。2017年，廖俊波殉职不久，全国掀起学习热潮。作为一个在南平成长的人，他的事迹深深打动了我。那天，我专门从福州驱车前往政和，来到了离县城不到5

里路的石圳村。走在富有古村韵味、整洁干净的村落中，听着廖俊波的扶贫故事，我不禁感叹："变了，变化真大啊！与我十多年前见到的石圳截然不同。"后来，我又几次走进政和，去了以高粱酒著称的酒乡东平，云雾缭绕的夏季避暑胜地、享有"天村"美名的稠岭，以梯田闻名的念山，还参观了石屯乡镇的"幸福渠"，听村干部讲述他们在幸福渠精神的鼓舞下建设美丽乡村的历程。

穿行于政和的乡村，一条条柏油公路从县城蜿蜒地向村子延伸，纵横交错，犹如人体的血脉。过去，政和贫困的一个原因便是大山的阻隔，重重叠叠的山脉把村落紧紧地包裹着，就像人得了血栓，气血不畅。如今，脉络不仅通了，道路也从沙土路升级到水泥路，再从水泥路变为柏油路，驾车出行更加舒适。道路织成了一张"网"，延伸到乡村的每一个角落，那些曾经隐藏在深处的美丽乡村不再"羞涩"，山城露出了美丽的真容，游客纷至沓来。

二

在一个冬日暖阳的早晨，我来到了酒香四溢的东平。东平农机专业合作社负责人李香敏热情地领着我走进农机库房，里面停放的现代化农机具让我大为震惊。履带式收割机、多功能喷洒农药机、无人喷洒农药机等一应俱全。香敏介绍道："这只是一部分，还有村民自购的农机，他们带着农机加入了我们的合作社。"这不禁让我联想到城市的打车平台，"我们正是借鉴了类似的模式。"农机合作社通过土地流转、土地托管等形式，拥有了1万多亩的种植面积。

对于土地流转，我并不陌生，但土地托管这个概念让我产生了好奇。香敏笑着说:"如今乡村里,许多年轻人外出务工创业,留在家里的老人由于年纪大,无法承担田园耕种的重任。然而,他们心中对土地有着深厚的感情,不愿意把土地流转出去。于是,合作社就想出了一个办法:与农户签订托管合同,合作社负责合同期内的粮食耕种,包括收获后的粮食储存。农户只需向合作社交纳托管费用,而所有生产出来的粮食都归农民所有。"

从农机库房出来后,香敏又带我来到了粮食加工车间。一袋袋粮食整齐地垛成堆,每垛上面都写着名字。香敏解释道:"我们不仅负责托管耕种,还负责粮食保管。托管户需要粮食时,一个电话,我们就会帮助加工,并按指定地点送达。"一位托管户告诉我:"这种方式真不错,我把土地托管了,在城里务工更安心了,收入也比自己耕种几亩地高,而且还能吃到自家田地里产出的粮食,别有一番乡愁的味道。"

阳光洒在冬日的田野上,几台机械正在进行耕地作业。香敏说:"他们正在播种紫云英,等春天来了,犁开田地,这些紫云英就变成了有机肥。"

离开香敏的农机合作社后,我又驱车前往同在东平镇的果蔬专业合作社。合作社负责人小叶已经在那里等候我们。下车环顾四周,皆是蔬菜大棚,钢架结构,薄膜覆盖,一个挨着一个。大棚与大棚之间,是一列列的光伏发电板。县农业农村局的同志告诉我,这是一个农电结合的项目,光伏板安装后,剩余的土地承包给了果蔬合作社。我问道:"大概有多少亩土地呢?""五六百亩吧。"小叶回答道。随后,小叶领着我一边走一边介绍合作社的情况。

小叶长得敦实,圆圆的脸庞,一副在田园中摸爬滚打过的模样。

他早年到上海和江浙一带从事果蔬生意，后来回到家乡，投身果蔬生产。小叶向我讲述了他的合作社的经营模式，让我深感新颖。他借鉴厂房出租、筑巢引凤的模式，建起蔬菜大棚，吸引农民进棚种菜。他自己则专注于策划与销售，将生产环节交给农民，并提供技术服务、农机租赁等支持。"让农民安心种好菜，我来专业做好服务和销售。"小叶说道。

从香敏和小叶身上，我看到了基层群众身上所蕴含的智慧和他们破解难题的独特办法。

三

车行在公路上，透过车窗眺望，满眼皆是青绿。林木墨黛，竹林滴翠，偶尔还能看到山鸡、松鼠穿梭于山林间，政和的青山绿水令人陶醉。2023年政和的森林覆盖率高达79.6%。在保护好青山绿水的前提下，政和探索出了一条向金山银山转变的成功之路，"森林生态银行"为"沉睡"的资源打开了"变现"的大门。

那天下午，县林业局的同志带我登上了一处山头，近处的一片林地中，小树在风中摇曳，长势喜人。林业局的同志告诉我，这片林子是在2023年砍伐后，由县林业国有企业采用"森林生态银行"模式种植。之后，我们又来到了城边山旁的格绿木业公司。与公司负责同志交谈时，谈到了"森林生态银行"，他说："公司在乡村也采用'森林生态银行'模式种植了一片林子。这种模式可谓一举多得，既解决了林地抛荒无人耕种的问题，又能够通过林子的参股，保证农民的收益，还能够满足企业的用材需求。"

衢宁铁路（陈昌村 摄）

当天夜里，我与县林业局的同志坐在一起喝茶，听他们讲述关于"森林生态银行"的故事。2024年11月28日，县里举行了"森林生态银行"股份合作集体签约暨岭腰乡岭腰村股份合作预分红活动。梅坡村、岭腰村、何山村等村级平台同县振林公司签订了"森林生态银行"股份合作经营协议。

在签约仪式上，最令人振奋的一幕是振林竹木公司为岭腰村后山小组村民发放合作山场2024年至2026年度预分红资金。2023年以来，岭腰村全面整合林地资源，引导村小组将330亩林地"存入"

聚力"蝶变"
—— 政和乡村振兴故事

村级森林资源运营平台，村级平台与"森林生态银行"签订协议后，交由县振林公司统一经营管理。合作山场按每亩每年35元标准进行预分红，等到林木主伐时，活立木招标价格扣除设计成本所得的利润再按约定比例分成。

岭腰村村民吴必兴拿到分红款后喜笑颜开，高兴地说："我年纪大了，管不动山场啦，孩子又常年在外。现在与森林生态银行合作，山场得到了有效经营，我们每年都有预分红收益，砍木头的时候还有分成，真是太好了！"

县林业局的同志感慨地说："通过'森林生态银行'模式，有效解决了林农造林资金不足、管理粗放等问题，进一步盘活了'绿色不动产'，让林农共享'幸福提款机'，提升了林业发展的整体效益。"

四

政和这座小城位于闽浙两省三市交界处，鹫峰山脉横贯东部，造就了独特的高山、平原二元地理气候，呈现出"一江春水向西流"的

念山国家湿地公园（徐庭盛 摄）

聚力"蝶变"
——政和乡村振兴故事

廖俊波体育中心（徐庭盛 摄）

生态景观。政和先后荣获2023年健康中国·康养旅游百强县、美丽中国·深呼吸生态旅游魅力名县、中国最佳生态康养旅游名县、中国最美乡村旅游目的地等诸多荣誉，还连续7届蝉联美丽中国·百佳深呼吸小城称号。去政和旅游的朋友回来说，政和真是个天然氧吧！在这里，负氧离子含量极高，随处找一个村落、一处民宿，就可以悠闲地待着，闻花香、听鸟鸣、品白茶，享受"慢生活"带来的惬意。

朋友的这番话，我在两次登上稠岭、三次前往念山后深有体会。

站在稠岭的观景台上，遥望对面的佛子山，远眺绵绵群山，山谷间云雾缭绕。尤其是在 2025 年 3 月，又一次走进稠岭时，弥漫在群山间的云雾宛若仙境，同行的伙伴无不为之惊叹，说这是所见过的最美的云雾。后来，福建省登山协会山地救援队的队员登上佛子山，更是兴奋不已，直夸景色美得让人陶醉。乡镇干部介绍说，稠岭不仅是夏日的避暑胜地，也是冬日的观雪佳处。每年春节前后，这里可见雾凇、冰凌，晴日可观日落胜景，雨时可听疏雨苍茫。站在念山的村落前俯视梯田，1600 多亩梯田顺星溪河盘绕而下，与村落、水库相互映衬，构成了一幅浑然天成的美丽画卷。

得天独厚的生态环境、丰富的自然资源以及深厚的文化底蕴，是政和的宝贵财富，也是其发展的重要优势。这些年，政和县重点打造"廖俊波先进事迹红色研学游""寻茶访竹体验游""18℃夏天生态康养游"3 条旅游路线，主动融入大武夷文化旅游圈，成为福州都市圈的"后花园"。如今，政和的乡村旅游蓬勃发展。稠岭村云半间民宿的经营者兴奋地告诉我："乡村游催生了民宿热，每年夏天，这里的民宿一房难求。"

政和的乡村就像一只穿越时光隧道飞向现代的鸟，在不断蝶变。

"翻身垄"里谱新篇

◎ 李隆智

这里,曾是闽北山区的一个经济薄弱县,如今正以昂扬的姿态吹响奋进的号角,在争先进位中打造一座不断成长的现代化新城。近年来,政和县抢抓发展机遇,以前所未有的力度追赶奋进,打好脱贫攻坚战,实现了从"翻身"到"跨越"的华丽转身。在奏响乡村振兴这首激昂的发展交响乐中,政和经济开发区无疑是最为动人的乐章。

一个平台:同心舞动新华章

十几年前,政和经济开发区的地盘还是一座座荒山,当地人称"翻身垄"。

当年,时代楷模廖俊波任政和县委书记时,提出了规划建设政和经济开发区的宏伟蓝图,"翻身垄"终于翻了身,蜕变成一座现代化新城。

欲谋百年计,放眼千万里。

2011年8月18日至20日,廖俊波主持召开政和县委、县政府上半年经济形势分析暨经济社会发展务虚会。会上,廖俊波再次强调要做好"工业经济"这篇文章,着力打造产业平台,提升传统产业,催生新兴产业,为乡村振兴提供产业支撑。8月31日,工业平台项目组在县委、县政府的高度重视下,组织相关部门到邵武金塘工业开发区、邵武经济开发区学习开发区规划建设先进经验,并深入石屯翻身垄、洋后等村实地调研、科学论证,形成了在石屯翻身垄、洋后等村连片25平方千米土地上规划建设政和经济开发区的总体发展思路。

"将经济开发区建设成为一个产业特色鲜明、服务功能齐全、基础设施完善、生产环境优美、投资效益显著的现代化、园林化的工业新城,一个集聚7万人的商贸、物流、教育、卫生等基础设施完善的宜业、宜居、宜商的政和新城区。同时结合石屯镇市级小城镇试点建设,同步规划。"廖俊波郑重决策。

2012年7月,政和同心工业园被省政府批准为省级工业园区并破土动工,3个多月完成征地3000多亩,半年后首家企业投产,创造了省级工业园区建设的"政和速度"。

经过12年的持之以恒的努力耕耘,政和经济开发区发生了翻天覆地的变化。入驻企业达到126家,其中规模以上工业企业74家,2024年完成新建入统企业4家,规模以下转规模以上企业4家。累计完成产值54亿元,同比增长16.99%;工业企业用电量达3.41亿千瓦时,同比增长18.81%;共有国家级高新技术企业10家、省级创新型中小企业8家、专精特新中小型企业3家。

在2024年度全省开发区综合发展水平考核评价中,政和经济开发区在85家参评的开发区(综合保税区单列)中位列第31名,比

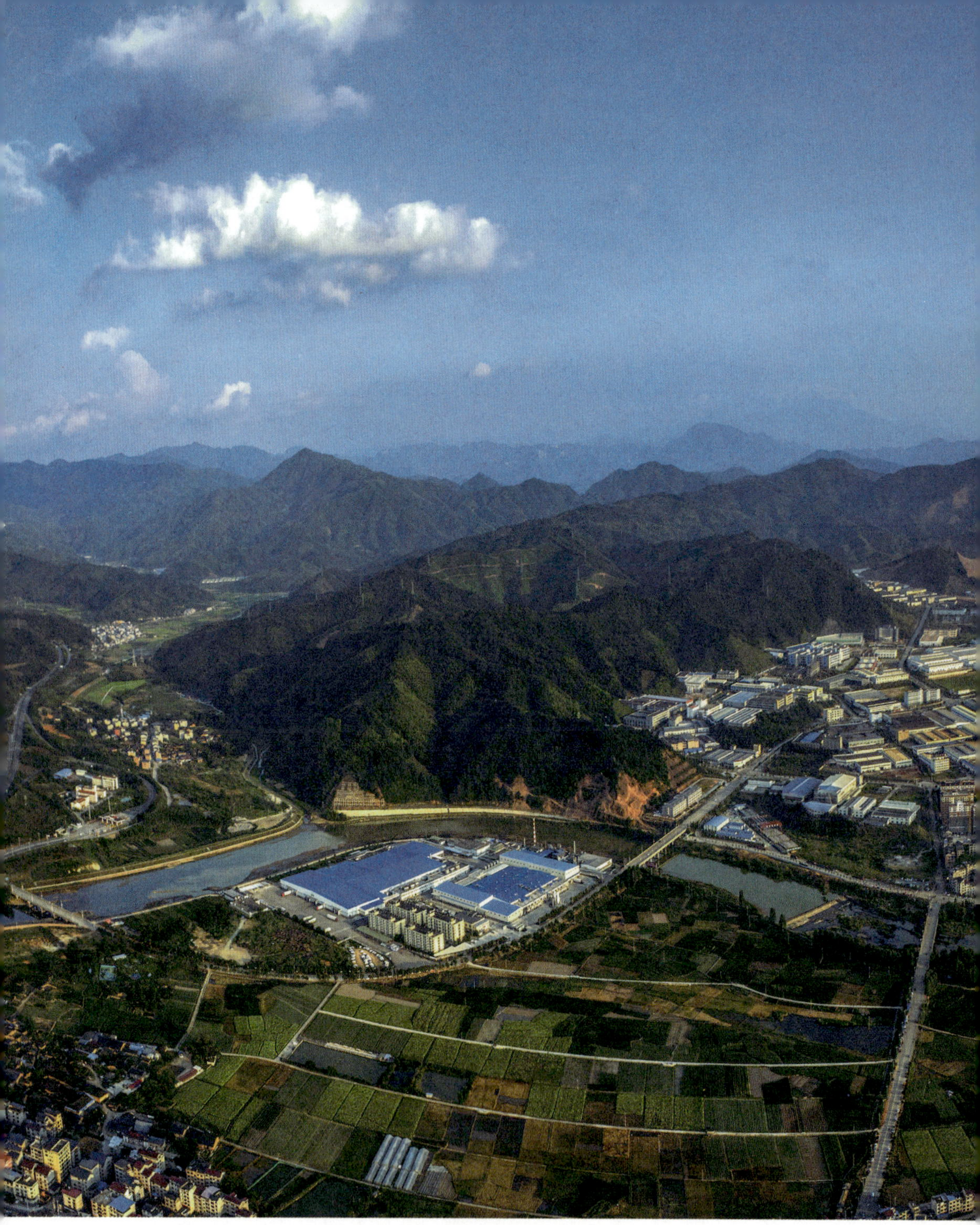

政和经济开发区（余明传 摄）

2022年上升8名；在29个山区开发区中，位列第1名。

一个方向：机械装备异军突起

政和经济开发区管委会主任陈明介绍说："这几年我们开发区的招商和工作重点，就是引进各类机械装备及配套企业，截至目前，园区引进各类机械装备及配套企业96家，总投资近87亿元，已投产92家，规模以上企业61家。"

福建美科机械有限公司是《中国铸造年鉴》收录的福建省重点骨干企业，拥有南平市唯一的企业级实验室。其前身作为上海美科阀门有限公司全资子公司，是工业和信息化部认定的专精特新"小巨人"企业，也是阀门行业的头部企业。作为中石油、中石化、中海油的一级供应商，该公司在美国休斯敦和伊朗德黑兰设有分公司，并与沙特阿美、荷兰壳牌、德国巴斯夫、英国BP、法国道达尔等世界知名石油公司建立长期合作关系。2024年5月，福建美科机械有限公司（一期）建设项目在政和县经济开发区落户投产，当年实现产值1.1亿元。

2025年，福建美科机械有限公司计划在政和建设省级以上产品检测检验中心，配备钴60放射源和伽马射线探伤检测设施，可精准检测200毫米厚度金属内部结构的裂纹、气孔等缺陷。

这些专业的技术名词或许显得晦涩，但是1.1亿元的年产值已经直观印证了发展成效。

这些企业的入驻，给政和经济开发区带来了活力，带来了蓬勃发展的愿景。

这些企业的生产，是政和经济开发区激活的脉络，预示着光辉灿烂的明天。

福建汇展阀门有限公司新建工业厂房3栋、综合楼1栋，于2024年4月正式投产，当年产值达到5000多万元。

福建必拓必和阀门有限公司一期投资5800万元，于2024年4月投产，年产值可达5000万元。

迦密阀门（福建）有限公司一期投资4800万元，已于2024年4月建成投产。

截至目前，政和经济开发区集聚电机及配套生产企业18家、泵阀及配套生产企业69家、汽摩配生产企业5家。机械装备产业供地面积约2800亩，从业人员约4500人。

陈明介绍说："2024年度机械装备产业实现工业产值约25亿元，税收约9000万元，工业用电量2.48亿千瓦时。初步形成电机、泵阀、汽摩配3条产业链，被中国铸造协会列入中国铸造产业集群工作委员会副主任委员单位。"

春雷一声，蛰伏的力量在这一刻苏醒，积蓄已久的能量如潮水般涌动。

在这个春天，又有一批机械装备企业在政和经济开发区落户。

福建良固阀门科技有限公司占地52亩，新建厂房总建筑面积20237.32平方米，计划在2025年投产，预计年产值超2亿元，税收可达600万元。

福建惠德机械制造有限公司二期项目于2024年3月开始施工，2025年春季即将竣工投产。

福建立博奥阀门有限公司也进入投产筹备阶段。

春天，是万物复苏的季节，也是梦想开始的时刻。机械装备产业如破土春苗拔节生长,成为政和经济开发区高质量发展的强劲引擎。

一个目标:百亿新城助乡村振兴

按照"百亿产业园"的发展目标,政和经济开发区着力打造产业集聚区,逐渐形成了以机械装备为主、竹木制造和食品加工为辅的"1+2"产业布局。这一布局并非凭空而来,而是基于政和当地丰富的自然资源和传统产业基础精心谋划的。政和的山林资源丰富,竹木便是大自然赋予的宝贵财富,竹木制造产业在这片土地上有着深厚的根基;而食品加工则与当地的农产品紧密相连,是将乡村的丰收果实转化为经济收益的重要途径。

走进政和经济开发区,首先映入眼帘的是一片繁忙的景象。宽敞整洁的道路两旁,现代化的厂房错落有致,绿树成荫。工人们在车间里忙碌地工作着,他们熟练地操作着机器,脸上洋溢着自信与自豪。在竹木制造车间,一根根竹子在工人的手中变成了精美的家具、实用的工艺品;在食品加工车间,新鲜的食材经过一道道工序,被加工成美味可口的食品,即将走向全国各地的市场。而这一切,都与乡村振兴紧密相连。

开发区的发展,为乡村的劳动力提供了大量的就业机会。曾经,许多年轻人为了生计不得不背井离乡,前往大城市打工,留下老人和孩子守望着空荡荡的家。如今,他们在家门口就能找到合适的工作,既能照顾家庭,又能实现自己的价值。

小张就是其中的一员。他曾经是一名外出务工人员,在沿海城市的工厂里辛苦打拼。每年春节回家,看着孩子眼中的陌生和父母日益

政和经济开发区企业工人在组装电器（张斌 摄）

增多的白发，他的心中满是愧疚。政和经济开发区建成后，他毅然决定回到家乡，进入一家机械装备企业工作。如今，他不仅有了稳定的收入，还能每天陪伴在家人身边。"以前在外面打工，虽然挣得多一点，但总觉得心里不踏实。现在好了，在家门口上班，生活有了盼头。"小张笑着说。

除了提供就业机会，政和经济开发区还通过产业带动，促进了乡村特色产业的发展。在开发区的辐射带动下，许多乡村开始发展规模化的种植和养殖产业，为竹木制造和食品加工提供了充足的原材料。同时，开发区与乡村之间建立了紧密的合作关系，形成了"企业+合作社+农户"的发展模式。企业为农户提供技术指导和市场信息，合作社组织农户进行生产，农户则按照企业的要求种植和养殖，实现了互利共赢。

在这片闽浙边的沃土上，政和经济开发区正书写着属于自己的篇章，也为乡村振兴描绘出更加绚丽多彩的画卷。它就像一颗璀璨的明珠，照亮了政和乡村发展的道路，引领着政和人民走向更加美好的未来。而乡村振兴的故事，也将在这片土地上继续传承和演绎，成为人们心中永恒的记忆和奋斗的动力。

一片叶子一座城

◎罗小成

"中国的白茶，白茶的世界。"走进政和县中国白茶城，10个大字赫然映入眼帘。这座占地面积120亩的现代茶城，承载着政和人千年的茶梦，也寄托着乡村振兴的期盼。

一

政和的茶，是有灵性的。这里的山，这里的水，这里的雾，都浸润着茶香。北宋政和五年（1115），宋徽宗因痴迷此地进贡的白茶，特赐其年号"政和"为县名，自此"政通人和"的茶香绵延千年。

这里地处武夷山脉腹地，海拔介于200至1100米之间，地势东高西低，呈阶梯状。独特的高山平原二元地理气候叠加肥沃土壤，共同孕育出政和白茶"如玉在璞"的独特品质。政和白茶以芽叶肥壮、毫香鲜爽著称，其历史可追溯至唐宋时期的北苑贡茶体系。北宋福建路漕运使、茶学家蔡襄曾赋诗曰："北苑灵芽天下精，要须寒过入春生。故人偏爱云腴白，佳句遥传玉律清。"诗中讲述的是，北宋时期

澄源乡石子岭茶园（徐庭盛 摄）

政和作为贡茶产区之一，其优质的白茶天下闻名。

然而，这片古老的土地曾因地理位置闭塞、交通不便，茶产业发展一度陷入困境。2017年前，政和仍是福建省欠发达地区，茶农守着优质茶山却难以打开市场，茶企小而散，品牌效应不佳，茶青价格低迷。如何让千年茶脉焕发新生？政和县选择了一条以茶兴业、以茶富民的突围之路。"政和茶，不能再这样下去了！"政和县领导班子达成共识，"我们要建的不是一个简单的市场，而是一个茶产业转型升级的平台，一个乡村振兴的引擎！"

蓝图绘就，困难接踵而至。最大的难题是资金。建设一个现代化的茶城，需要巨额资金投入。政和县是省级扶贫开发工作重点县，财政捉襟见肘。"没有条件，创造条件也要上！"政和县领导带领招商团队，跑遍全国各地。精诚所至，金石为开。最终，政和县引进了中国供销农产品集团，与政和县人民政府共同出资，建设以白茶市场交易为核心的中国白茶城。

　　2019年3月18日，项目签约落地，然而土地征迁的难题随即浮出水面。茶城选址在石屯镇石圳湾，涉及200多户村民。起初，村民不理解："好好的地，为什么要建茶城？"为促进项目早落地，县委、县政府高度重视，全县共发动1000多人挨家挨户做工作，讲政策，算经济账。当村民看到规划图，了解茶城建成后能给全县茶农带来良好的经济效益，纷纷打消顾虑，签订了土地征迁协议，实现项目落地顺利开工。

2019年11月26日，茶城正式开工。建设过程中，疫情骤然来袭，给项目推进带来了新的挑战：工人们回不来，建筑材料运不进去。项目指挥部连夜开会，决定"两手抓"：一手抓防疫，一手抓复工。他们包车接回工人，开辟绿色通道运输材料，硬是把耽误的工期抢了回来。2021年4月，中国白茶城一期工程竣工，并顺利开始运营。看着拔地而起的现代化茶城，建设者们热泪盈眶。这不仅仅是一座茶城，更是政和茶产业转型升级的希望。

二

茶城建成后，如何运营成为新的挑战。白茶城领导深知，于国内市场而言，茶产业只是按照传统场地专业批发市场模式运作经营，成功率非常低。他们提出："跳出茶叶做茶叶，跳出市场做项目。必须创新发展，绝不能按传统的批发市场模式做项目。"经过一年多的调研、考察和论证，中国白茶城决定做茶产业平台经济。

在茶产业发展中，科技赋能是白茶产业发展的驱动力。茶城决定建立智能仓储管理系统，掌握货源信息，提高配送时效，降低运营成本，解决经销商在茶叶购销过程中面临的资金占用问题。智能仓储集成自动温湿度调节、无人化搬运、仓单存贷、实时数据查询等功能，将传统仓库存货化为在线商品，形成虚拟茶叶在线大卖场。这是国内首家茶叶智能仓储，这一创新为茶城的信用、金融、渠道提供了强有力的支撑，也为茶产业数字化升级提供了宝贵的经验和技术支持。

为确保茶叶品质，茶城建立了中农茶检（CATT）中心。近1000平方米的现代化实验室，配置了国内外先进的茶叶质量检验设备，获得CMA和CATL等多项资质。中心为全国各地茶叶提供农残检测，保障了茶产品的安全。茶检中心的功能聚集于白茶的年份价值评估、仓储转化规律等领域的研究。目前，其检测报告已获全球54个国家认可，提升了政和白茶的市场竞争力。

紧跟互联网信息时代，搭建茶产业大数据服务平台。茶城将白茶产业与大数据、智慧互联网和工业互联网技术相结合，以数据服务与分析为核心，提供智能仓储管理、茶叶品质监控、市场预测等服务，推动白茶产业转型升级。茶产业大数据服务平台作为福建省数据管理局试点项目，是南平市唯一上报国家数据局的城市全域数字化转型实践案例。

注重整合产业链、资源与服务，创新具有核心竞争力的白茶产业商业模式是茶产业提质的根本。茶城将入仓检测合格的产品数据即时转移，确保交易的安全与效率。这一创新，不仅提升了茶叶市场透明度，也加强了茶城的信用度。白茶城自开业以来，每年常态化举办白茶大会、制茶技艺传承人评选大会、海峡两岸茶业交流大会、茶业标准化与"三茶"融合发展高峰论坛等超160场茶事活动，配合当地政府打造茶文化主题城市，参与推出茶旅精品线路10条，建立茶习所4座，支持培育茶类非遗传承人162人，助力"政和白茶"制作技艺、"政和工夫"制作技艺成功入选非物质文化遗产名录。目前，中国白茶城已成为当地标志性的网红打卡地。

充分挖掘产地资源、市场渠道，创新开展数字白茶业务。顺应市场需求，打造"供销经典"的口粮茶自营产品，主导与农夫山泉等大型新茶饮企业达成战略合作，引领白茶跻身新茶饮行业。中国白茶城入驻茶企达139家，招商率100%，产销对接达数万人次，年交易额达10亿元，带动2021年至2023年连续三年政和茶青价格持续上涨，部分优质茶青涨幅超100%，带动全县13.4万茶农增收，市场入驻茶企销售业绩实现50%增长。

修订《地理标志产品质量要求政和白茶》国家标准，制定《政和工夫红茶》团体标准，建立福建省首个原生茶树资源野外定点观测站及种质资源库。茶城运营的前后对比数据显示，中国白茶城运营过程中，带动涉茶企业从180家发展到907家，市级以上龙头企业从3家增加至22家，专卖店及专柜从500家增加到1600多家，涉茶金融贷款（包括仓单质押）从5000万元增加到1.5亿元。政和白茶的品牌价值提升10亿元，达61.18亿元。实现茶叶总产量增幅7.36%，产值增幅27.45%，全产业链产值突破60亿元。

中国白茶城不断探索茶产业商业模式的创新与实践，针对茶企在流通市场中的渠道、资金、信用三大痛点，通过城市服务中心、品牌集合招商、大客户招投标给予茶企渠道赋能；采取仓单质押、合作采购、托盘交易给予茶企资金赋能；利用中农茶检、品牌加持、仓单交易给予茶企信用赋能。这些赋能有力促进茶叶区域品牌扩张发力，从而打造中国茶叶市场全新且具有强大竞争力的流通品牌。

经过几年精耕细作，中国白茶城成为全国较有影响力的白茶产品专业批发市场、白茶金融和电子化结算示范市场，以及新型交易模式

中国白茶城智能仓储（中国白茶城供图）

探索创新市场，在全国300多个主要茶叶市场中脱颖而出。先后荣获福建省南平市农业产业化龙头企业、2021年度全国茶叶十强市场、2022年白茶行业领军品牌、中国供销集团2022年度商业模式创新奖等荣誉，推动区域性乃至全国的白茶产业发展，扩大白茶市场份额，带动农民增收致富，直接服务辐射范围200千米内近2000个茶叶加工企业，同时带动包装及包装设计行业、物流业、酒店业、旅游业、竹产业多产业联合发展，为当地经济多元化提供原动力。

三

面对新时代的窗口，中国白茶城以白茶产业服务为根基，进一步

聚力"蝶变"
——政和乡村振兴故事

一片叶子一座城

中国（政和）白茶城（郭斯杰 摄）

聚力"蝶变"
——政和乡村振兴故事

向全茶类茶叶服务平台转型。目前,已从单纯的白茶服务拓展到普洱茶、花茶、乌龙茶等茶类服务,从单纯的饮品茶向工业茶转化,从单纯的国内贸易向出口贸易转化。

夜幕降临,茶城的灯光亮起,宛如一颗璀璨的明珠。茶香袅袅,飘向远方。这香气,承载着政和人的梦想,也昭示着乡村振兴的希望。

政和的夜,不再只有虫鸣与犬吠。茶篓与山歌律动,围炉与夜话共眠,茶灶与云端相接,千年茶脉在新生的肌体里奔涌。这满满的绿浪终将涌向大海,而那些曾被岁月深埋的茶骨,正长出翅膀,即将携千年茶香漫舞云端。

乡村振兴不是简单的产业叠加,而是传统与现代的共生,生态与

东平茶园(余长青 摄)

经济的平衡，文化与商业的共鸣。中国白茶城的崛起，既是千年茶脉的复兴，也是中国乡村通过特色产业实现高质量发展的缩影。正如政和县领导所言："我们不仅要让世界喝到政和白茶，更要让世界读懂这片叶子背后的中国智慧。"

聚力"蝶变"
——政和乡村振兴故事

一惊三叹

◎ 戎章榕

不知何人曾言：开启一座城市的绝佳方式，便是走进当地的博物馆。"博物馆热"这些年持续升温，就以我的亲身经历为例，2024年8月，我去西安旅游，在行前的十天半个月里，几乎每天都在线上预约陕西历史博物馆，然而怎么都预约不上。

从"博物馆热"催生建设博物馆热，这是中华文化之幸事。我此行受邀到政和采风，采写正在建设中的白茶博物馆，有"一惊三叹"

的心路历程，有故事，有波折，更见情怀。

一惊：竟未听闻白茶博物馆

对于政和县，我算不上熟知，但颇有缘分。2021年4月，为写一份总结材料，我在3天内马不停蹄地跑遍政和县10个乡镇（街道）。2024年一年，我来政和三趟，其中两趟是采风活动。通常而言，受邀去采风，当地都会列出有亮点的选题，供作家们选择。让我惊讶的是，屡访政和，我却从未听说过白茶博物馆！更让我疑惑的是，这一选题居然无人选择？

政和是全国唯一的因茶得名的县域，历史文化深厚。政和是千年茶乡，白茶的发源地，中国白茶核心产区，也是"万里茶道"白茶第一县。政和乡村振兴主打政和白茶品牌，这些年做得风生水起。

我对此事一无所知，深觉羞愧。本着更多地了解政和、了解白茶的想法，我接受了白茶博物馆这一选题。

白茶博物馆（张书 摄）

进入采访我才了解到，来自福州的作家之所以未选白茶博物馆，因为一是该馆正在建设中，他们与我一样缺乏了解；二是建设的主导者许庆友人在厦门，采访有所受限。

这着实尴尬。写作者大多遵循"不见本人不动笔"的信条。

我是在不知情的情况下，懵懵地接受了采写白茶博物馆选题，却之不恭，接受后又觉得为难。好在许庆友支持，基本上在微信里有问必答。通过采写我发现，白茶博物馆绝不仅是为政和新增一座公益文化场馆，也不只是为白茶小镇增添一个亮点，其意义业已超出建设的本身。

一叹：廖俊波与一级馆

在去往政和的绿皮火车上，我就向政和县茶业中心的叶火琳索要白茶博物馆的材料，他发来"中国白茶博物馆"公众号的一篇文章，留言道："这里面有白茶博物馆及相关活动的介绍。"

火车一路哐当作响，我在摇晃中一时恍惚，还以为自己看错了公众号文章。难道其他地方已有了一个"中国白茶博物馆"？稍作定神，我才反应过来，这就是正在建设中的政和白茶博物馆，旋而生疑：为何冠以"中国"之名？转念一想，政和 2021 年 4 月就建成了"中国白茶城"，如今再匹配一座"中国白茶博物馆"，不是珠联璧合、相得益彰、光彩夺目吗？

不料，与许庆友沟通时，他决定不再冠以"中国"之名，而是进一步定位为"白茶博物苑"，将博物馆与园林结合，旨在打造茶旅融合的一个亮点。这得从项目的缘由说起。

2011 年，全国优秀县委书记廖俊波主政政和县。2014 年，县委、县政府提出"回归经济"的发展战略，许庆友作为优秀乡贤代表受邀返乡。在座谈会上，他对打造中国白茶小镇，提出了一个简单的概念性规划：要有白茶广场、茶博园、白茶博物馆、白茶一条街、体验馆等，需要对小镇做整体梳理布局。

规划虽好，谁来实施？廖俊波书记诚邀许庆友，"白茶博物馆只能你来建"。一番真挚的话语，让许庆友百感交集。许庆友出生在政和茶村的富美村。当年乡村并不"富美"，他刻苦读书只为逃离茶山；如今家乡召唤，又要回归茶山。但这并非周而复始的回归，唯有博物馆才能将自己的文博梦想变为现实，才能让家乡的茶山进一步转化为金山银山。

说易行难。项目2015年立项，2019年动工，不久就遭遇了三年疫情，迄今才基本完成了总体框架。较之同一时期的中国白茶城，从立项到投入运营只用了17个月的时间，两者难以相提并论。其中经历的困难、委屈，甚至痛苦，他却也不愿多说。许庆友表示，再难也要做好，这是廖俊波书记生前未竟的一件事。政和县新一届领导班子到任后，全力支持，加快了博物馆项目的进程。

我知晓，中国白茶城是由中华全国供销合作总社所属中国供销农产品集团和政和县人民政府共同投资兴建的，总投资约5个亿。让我暗自吃惊的是，正在建设中的白茶博物馆，也准备投资5个亿，不同的是物业投资3.5个亿，馆藏品投资1.5个亿。

我起初不解，无论他人介绍还是公司宣传手册，都称建设标准为国家二级博物馆，然而，我在现场看到的文字介绍和许总发来的微信，都明确标明是对标国家一级博物馆。是一级还是二级，还需要证实吗？我虽未见过许总，但经过交流，可以判定他是一个内敛务实、不事张扬的人。馆可以不冠以"中国"，但建设必须一流水准。

把标准定得高一点，值得赞赏！

二叹：夯土墙与嘉庚石

除了建设规模与标准，白茶博物馆的建筑特色同样令人赞叹。

置身施工现场，望着依山而建、错落有致的主体框架，我不禁大为赞叹，总用地面积100多亩，建设规模5万多平方米，绿化面积3万多平方米，这是迄今为止福建省最大的涉茶博物馆。除了设立茶历史、文化、艺术器物主馆外，还辟有藏茶馆、茶健康科技研究所、智能化白茶观光工厂等。

白茶博物馆由中央美院城市设计院设计，几易其稿。一圈参观下来，让我印象最深的是立面夯土墙和地面老石条。

夯土墙是一种古老且常见的建筑材料和建筑形式。这是我第二次见到博物馆立面采用夯土墙的元素。第一次是在洛阳偃师，参观二里头夏都遗址博物馆，反复出现的夯土墙是整个建筑中的一个重要的设计元素，以此展示最早中国的场景和中华文明的肇始。同样，白茶博物馆异曲同工，运用了三合土、仿夯土饰面，这不仅与白茶小镇所在地石圳村的古村落风貌相吻合，还彰显了千年茶乡的历史文化底蕴。夯土墙技术是古老的，也是前沿的。

地面老石条除了闽北古厝的条石外，还采用了具有特殊意义的"嘉庚石"。我问，什么是"嘉庚石"？许总说，"嘉庚石"实则源于陈嘉庚先生早年建设厦门嘉庚中学打造的石板，由于道路及广场改造，石板被置换下来，便赋予其"嘉庚石"之名。回答得如此轻巧，我却被感动了。都说就地取材，而许总却舍近求远，从厦门搬运回来这些废弃的石条；都说商人精于算计，许总难道不明白这会增加建设成本吗？实际效果或许还不被看好，有人就建议改用彩色沥青，殊不知这石条承载着许总对嘉庚先生爱国爱乡精神的深切追慕与传承。踏着嘉庚石，内心就踏实。许庆友秉承嘉庚先生"宁可企业收盘，决不停办学校"的决心和毅力，矢志践行"一生做一件有意义的事"的人生信条。

三叹：藏茶节与向未来

不仅博物馆的建设令人称道，其对未来的布局更是高瞻远瞩，游刃有余。

一次偶然的机缘，许庆友接触到马家窑文化，就此改变了他人生的轨迹。2008年，他创办了厦门一正堂文保科技有限公司，从此与文博结缘。而投资建设白茶博物馆，再一次改变了他的人生轨迹。

建民营博物馆需要情怀，但博物馆的生存离不开运营。博物馆是历史的保存者、记录者和见证者，而许庆友则以放眼未来的眼光和格局，谋划着白茶博物馆的发展之路。

几乎同步，就在白茶博物馆动工之际，一项着眼未来的"5·18藏茶节"应时而生。为何是"5·18"？源于5月18日国际博物馆日。盛世兴茶，盛世藏茶，2019年至2023年，四届藏茶节相继在厦门举办。当白茶博物馆主体工程基本完成时，第五届藏茶节便落地政和，续写茶韵华章。

白茶博物馆的核心建筑藏茶馆，可以储存50万千克的白茶，是目前国内最具规模的白茶仓号。将博物馆与白茶收藏相结合，巧妙运用，把白茶变成产品、展品甚至投资品。藏茶馆有个重要的建筑细节，

聚力"蝶变"
——政和乡村振兴故事

白茶博物馆藏茶馆(张书 摄)

其墙体厚达 45 厘米,采用生土材质,比其他墙体更厚,以此营造恒温恒湿的环境,从而更好地保存茶叶品质。

白茶重藏。浓酽醇厚的老白茶,浸润着岁月的秘香,贮藏了时光的积淀。了解白茶的人都听说过一句话,"一年茶,三年药,七年宝"。存放的时间越长,白茶的药用与收藏价值就越高。由此可见,许庆友早已开始谋划白茶博物馆的未来,导入商业思维,成立大与茶号有限公司,作为白茶博物馆旗下的白茶品牌企业,不仅收藏好茶,而且发挥白茶的收藏属性,还致力于种植、生产、仓储、销售茶叶一体化,以产业支撑博物馆行稳致远。

"三茶"统筹,茶文化领衔,而白茶博物馆无疑是茶文化的重要组成部分。它的建成,将推进文博、文旅和茶产业的进一步融合。"为了一座馆,奔赴一座城",政和的未来值得期待!

暖风和煦

——记传承朱子文化助力政和乡村文化振兴

◎马照南

政和，一颗镶嵌在闽北群山中的璀璨明珠，山川秀美，云雾缭绕，仿佛是大自然精心雕琢的仙境。每一片土地、每一棵绿树，都蕴含着生命的奥秘与自然的馈赠。这里不仅是福建奇异龙、世界鸟类的发源地，中国白茶的原产地，更拥有深厚的文化底蕴，特别是传承已久的宋代朱子文化，为乡村振兴注入了文化元素。

走进政和的乡村，仿佛步入了一幅淡雅的水墨画卷。山川俊秀，溪水潺潺，田野间弥漫着泥土的芬芳。在这片宁静祥和的土地上，朱子文化如同一股温暖的和风，吹拂着田野与村庄。

政和的朱子文化源远流长，可以追溯到南宋时期。那时的政和，文风昌盛，书声琅琅，是理学大师朱子的重要活动区域之一。朱子在这里成长，成年后又多次游历政和，讲学布道，留下了诸多宝贵的文化遗产。他的理学思想，在政和这片土地上得到了广泛的传播和深入的实践，早已融入了政和人的血脉之中。

政和人特别重视忠孝。在乡村，忠孝之道被视为立身之本。四平

聚力"蝶变"
——政和乡村振兴故事

戏的剧本中,讲述忠义报国、爱国爱乡、孝顺父母的故事特别多。村民们敬重长辈,重视家庭教育,培养出了许多品德高尚、才华横溢的人才。他们以实际行动践行朱子文化中的忠孝理念,为乡村的和谐稳定发展提供了坚实的道德基础。

在政和的乡村,古老的宗祠和庙宇不仅是村民们祭祀祖先、祈求平安的场所,更是传承朱子文化的重要载体。在这些宗祠和庙宇中,供奉着历代先贤的牌位,镌刻着他们的光辉事迹。村民们通过定期的祭祀活动,缅怀先贤,弘扬他们的精神品质,以此激励后人不断前行。

政和人守土敬业,这也是朱子文化在政和乡村的深刻体现。村民们热爱家乡,珍惜土地,勤劳朴实,用自己的双手创造着美好的生活。他们深知,只有脚踏实地、勤勉努力,才能换来丰收的喜悦。因此,他们始终坚守在田间地头,辛勤耕耘,为乡村的繁荣贡献着自己的力量。

在朱子文化的熏陶下,政和的乡村涌现出了一批批敬业爱岗、乐于奉献的典范。他们有的是勤劳的农民,有的是技艺高超的手艺人,还有的是热心公益的志愿者。他们用自己的实际行动诠释了朱子文化中的敬业精神,为乡村的振兴树立了榜样。

随着时代的变迁,政和的乡村也面临着新的挑战和机遇。在乡村振兴战略的引领下,政和人积极探索新的发展道路,努力将朱子文化与现代文明相结合,打造具有地域特色的文化助力乡村振兴之路。

在政和的乡村,你可以看到许多以朱子文化为主题的乡村旅游项目正在如火如荼地展开。村民们利用当地的自然风光和人文资源,开发出了许多富有特色的旅游产品,如书院文化、农耕文化体验园、古村落民宿等。这些旅游产品不仅吸引了大量游客前来观光旅游,还为乡村经济的发展注入了新的活力。

政和的村民们还注重挖掘朱子文化中的教育价值，将其融入乡村教育之中。他们开设了朱子文化课程，邀请专家学者为孩子们讲解朱子的理学思想、道德规范以及历史故事等。通过学习这些课程，孩子们不仅能够了解家乡的文化底蕴，还能够培养良好的道德品质和文化素养。

在朱子文化的助力下，政和的乡村振兴之路越走越宽广。村民们用自己的智慧和汗水，书写着新时代的乡村振兴篇章。他们深知，只有不断传承和弘扬朱子文化，才能为乡村的繁荣发展提供源源不断的精神动力和文化支撑。

在政和的乡村，你还可以感受到朱子文化对村民们生活方式的影响。他们崇尚简约、注重实用，不追求奢华与浪费。在饮食上，他们讲究营养均衡、口味清淡，注重食物的滋补与养生。在居住上，他们喜欢依山傍水、绿树成荫的环境，追求与自然和谐相处的生活方式。这些简约而实用的生活方式，不仅体现了朱子文化中的"格物致知"思想，还为乡村的可持续发展提供了有益的借鉴。

在朱子文化的熏陶下，政和的村民们还形成了独特的乡村治理模式。他们注重发挥家族、宗族等传统社会组织的作用，通过家规、族训等方式规范村民的行为举止。同时，他们还积极引入现代民主治理理念，实行村民自治、民主决策等制度，提高了乡村治理的效率和水平。这种传统与现代相结合的治理模式，为乡村的和谐稳定提供了有力的保障。

除了对村民生活方式和治理模式的影响外，朱子文化还在政和的乡村产业发展中发挥了重要作用。村民们依托朱子文化品牌优势，发

聚力"蝶变"
—— 政和乡村振兴故事

展起了以茶叶、笋竹、果蔬等特色产业为主的生态农业。他们注重农产品的品质与品牌建设，通过标准化生产、品牌化营销等方式提高农产品的附加值和市场竞争力。同时，他们还积极引进新技术、新品种和新模式，推动传统农业向现代农业转型升级。这些产业的发展不仅为村民们提供了更多的就业机会和收入来源，还为乡村经济的多元化发展注入了新的活力。

在政和的众多乡村中，杨机义守护洋后廊桥50年的故事，就是对朱子文化中坚守与奉献精神的最好诠释。作为政和县外屯乡外屯村的村民，杨机义与洋后廊桥有着不解之缘。这座桥不仅是他的家乡象征，更是他生活中的一部分。历经风雨的洋后廊桥见证了岁月的变迁，而杨机义则对其有着难以割舍的情感和责任。

杨机义深知洋后廊桥的历史价值与文化意义，作为守桥人，他深感责任重大。他希望通过自己的努力，让这座古老的廊桥得以保存，让后人能够继续欣赏到这份历史遗产。无论刮风下雨，他始终坚守在岗位上，对洋后廊桥进行全方位巡查，确保桥梁的安全与完好。他还积极参与各类文物保护活动，为洋后廊桥的保护贡献自己的力量，并因此被评为福建省第三届"最美文物守护人"之一。

同样，政和星溪书院也是朱子文化传承与乡村

暖风和煦——记传承朱子文化助力政和乡村文化振兴

铁山凤林孝道园（张书 摄）

振兴融合的典范。坐落于白茶小镇石圳湾的星溪书院，不仅是弘扬朱子文化的重要窗口，更是促进旅游发展的重要平台。书院的建设历程充满了艰辛与坚持，从2017年奠基到2022年竣工落成，它见证了政和人对朱子文化的深厚情感与传承决心。

作为文化地标，政和星溪书院通过举办文化研讨会、展览等活动，推动了朱子文化的广泛传播。同时，政和县还积极推进朱子文

星溪书院（郭斯杰 摄）

化进校园工作，让学生在潜移默化中接受朱子文化的熏陶。借助星溪书院的建设，政和县加快了朱子文化与旅游产业的融合发展，打造了环石圳湾旅游文化产业带。书院与古村落的美丽景色与文化底蕴相得益彰，共同构成了政和独特的文旅画卷。

星溪书院不仅传承了朱子文化，还深入挖掘了白茶文化与红色旅游资源，形成了"品白茶、寻朱子、学俊波"的旅游文化特色。通过举办朱子文化研讨会、开发"朱子带你游政和"导览小程序等方式，书院吸引了大量游客前来探访。这不仅带动了餐饮、住宿、购物等旅游经济的发展，还为村民提供了家门口的就业机会，显著提高了他们的收入水平。

在推动旅游发展的同时，政和县还注重生态保护，致力于打造"百佳深呼吸小城"升级版，为游客提供优美的自然环境。这种注重生态保护和文化传承的发展模式，实现了文化与经济的双赢，为政和的乡村振兴之路增添了亮丽的色彩。

回望历史长河，朱子文化在政和这片土地上生根发芽、开花结果，历经数百年的传承与发展，早已成为政和人不可或缺的精神财富。展望未来，政和的村民们将继续秉承朱子文化的精髓和精神品质，不断探索和实践乡村振兴的新路径和新模式。他们将以更加开放的心态和包容的姿态迎接新时代的挑战和机遇，用自己的智慧和汗水书写着更加美好的乡村振兴篇章。

在未来的日子里，政和的乡村将焕发出更加绚丽的光彩和活力。朱子文化将继续在助力政和乡村振兴中释放出传统文化的力量。

聚力"蝶变"
——政和乡村振兴故事

廖俊波的乡村纪事

◎张建光

"一切为了政和的光荣与梦想",然而郡县的一切又以乡村为重。廖俊波走遍了政和所有的乡村,全身心投入脱贫攻坚战。上任的第二年,县域经济发展指数提升35位,而后连续三年获评全省"县域经济发展'十佳'县(市)",GDP、固定资产投资、工业产值均实现翻倍,财政收入从他上任时的1.6亿元,发展到离任时的4.9亿元。4年时间,三倍于前,更让人欣慰的是全县贫困人口减少了3万多人,脱贫率达到了69.1%。如果说,自幼生长的乡村,给了廖俊波"三农"的感性认知,那么,主政邵武拿口镇则让他拥有乡村治理的理性认识。而在廖俊波看来,发展乡村的路子有千百条,最重要的是与村民百姓建立真正的感情,只要把他们当作亲人,所有问题的解决都不在话下。他当镇长时回答女儿:"爸爸是全镇最小的人,因为爸爸是为全镇人民服务的。"他还说过:"我也是农民的孩子,应该从骨子里头、根子里头,去帮助他们。"他的事迹在政和乡间传颂,他的身影仍穿梭在乡野。让我们撷取三幅画面,一同感受。

石圳清流

廖俊波对松源村石圳自然村的注意是从村妇代会主任袁云姬清理村中卫生时开始的。石圳是七星溪畔的小自然村，由于众所周知的原因凋敝了，500多人的村子留下的人仅有三分之一。村庄也愈发颓废，到了垃圾都无人收拾的境地。孩子嫌村里臭气熏天，蚊子多，表示再不回来。深受触动的袁云姬与村里的9个姐妹自掏腰包7万元，用了整整3个月时间，清理出垃圾500多车，村里的渠道又清流潺潺了。

闻知此事的廖俊波，看到了这个乡村的希望。他马上来到村里，慰问表扬袁云姬的姐妹们。接着，详细地调查村里的情况，最后与大家就建设石圳美丽乡村进行了座谈，提出了"净起来、绿起来、活起来、游起来"的行动思路。"村子干净了，还只是第一步。要是能绿

2012年3月13日，廖俊波在熊山植树（李左青 摄）

起来、活起来、游起来，美丽的石圳就能带来财富。那时候，外出的人们可都回来了。"

廖俊波对村里的发展给思路、给支持、给机制，还亲自上门做干部和群众的工作，他知道农民主体意识的觉醒绝不是一蹴而就的。从那次调研后，他几乎每个月都要到村里三四趟。他见村民对发展项目有忧虑，便对村干部表态说："赚钱的事你们来干，不赚钱的事让我们来。"他让村干部组织村民到外地学习，开阔眼界，增强信心。村民丁彩女的房子紧靠进村的路口，可她一家人长期在浙江打工。那天她回家偶遇廖俊波，书记发问："老姐妹，你的房子位置这么好，不开个餐馆可惜喽。"丁彩女说："廖书记，没钱啊。"廖俊波答应她："我们一起想想办法。"很快，廖俊波发动社会各界"爱心支持"，将包括丁彩女在内的5位贫困户的旧房子修得"古色古香"，办起了小面馆等特色小店。大家请廖俊波为小餐馆取个名字，他想了想说："我建议叫'旧事乡味'。不忘家乡事，不忘家乡味，这就是乡愁。"

廖俊波每每到村里，一见到袁云姬总是打趣地说："一阵不见，你又漂亮了。"袁云姬知道书记是表扬石圳又进步了。石圳真的变漂亮了：小巷步道铺设了鹅卵石，环村的沙子路开通了专用自行车道，房屋立面更像土墙，古码头、豆腐坊、酒坊、小吃店一一还原；茶园恢复了，还打出白茶小镇的旗号。葡萄园、向日葵园、樱桃园竟成了观光景点。村里有了旅游公司和农业合作社，2015年石圳被评为国家AAA级景区，2016年又被列为福建省第一批特色小镇，2023年被确定为AAAA级旅游景区，全村村民仅旅游年收入每户就有8000元，村财年收入有五六十万元。更可喜的是，廖俊波当年预言的人流回归实现了，上百位村民返村创业，其中还有数位大学毕业生。

东涧花海

和石圳村一样，东涧村也在城郊，只不过一个在东，一个在西。

2012年12月，廖俊波来到村里调研。他了解到，村民仅依靠种稻谷过日子，谈不上富裕。村集体则是无资源、无资产、无收入的"三无村"。当看到村民家家户户都在房前屋后种菜，还用河边的鹅卵石垒成围栏，初看之时竟处处像花园，他眼睛一亮，一个想法涌上心头。

不久前，一位在福州做药材生意的乡贤表示过要回乡种花，何不请他来东涧发展？一番电话往来，乡贤被请到村里。考察后很快形成合同，投资2000万以上，建造现代化温室大棚，发展鲜切花产业，一期先行种植300亩。

随即土地流转开始了，不过进度并不尽如人意。村民担心种植风险，不太配合。万一失败了，找谁要补偿和租金？廖俊波又一次来到村里，和村干部坐下来商量。本来，廖俊波向村支书提出过与企业合作的几种方式，供村民们选择：一是农民到企业务工；二是公司建大棚，租赁给村民种花；三是村里建大棚，租赁给公司经营。村里决定采用第一种和第三种结合的方式。从实际情况看，方案还要进一步深化，要兼顾村民和村集体两方面的积极性。研究结果是由村委会作为中介，也作为担保，以每亩500斤干谷向村民流转土地，然后再以每亩600斤的干谷统一租给企业，其中差价作为村财政收入。这样做，既可消除村民的疑虑，又让村委以契约的方式服务企业。这一方案得到了村民的一致认可：地还是自己的，租出去有收入，加入公司，在自家地里务工又能赚工钱，既不愁产品销售，又能守着家乡和家人，天底下还有比这更好赚钱的门路吗？

聚力"蝶变"
——政和乡村振兴故事

2015年6月27日,廖俊波在铁山镇东涧花卉基地与农民交谈(徐庭盛 摄)

廖俊波又一次来到东涧跟踪项目的进展。他带来了新的思路:"党支部要结合实际,发挥引领作用,把党组织全部建在产业链上。"于是,东涧党组织打破了原来的设置,先后按照产业发展,成立了花卉等5个党小组,党员的先锋模范作用在产业的每个关键环节闪光,

党组织的活力大为加强。土地流转仅一个月就完成了650亩。

东涧村终于"种花成海"。全村一半人口投入花卉产业,村民的人均收入也从原来的5000多元增加到1万多元。全无村财的村集体,每年也有了20万元的收入。一个与花、与海全无关系且默默无闻的小村成了政和出名的景点。花开时节,游人如织、乡野如画、芳香四溢。

在此期间,因花而过上如"花"生活的村庄不少,有火龙果村、葡萄村、荷花村……

洋屯莲子

与石圳、东涧村不同,洋屯属于"二五区"。这是中华人民共和国成立初期政和的行政区划,大部分都是高山区和半高山区,慢慢地变成了"贫困"的代名词。

2014年8月的一天,廖俊波来到洋屯村调研。当地莲子合作社理事长向他诉苦:"土地流转出来了,种植技术

聚力"蝶变"
——政和乡村振兴故事

外屯乡洋屯村莲子（徐庭盛 摄）

有了,最头疼的就是资金短缺。我们农民拿什么去抵押担保,有什么办法能申请贷款?"没有资金怎么能规模经营?真是一分钱难倒英雄汉!

　　太阳很大,心急的廖俊波也满脸是汗。农民贷款难,刚成立的合作社更拿不出资金抵押,廖俊波考虑此事已久。他想：能否以洋屯村为突破口,解决农村发展的金融问题,然后推广到全县？

　　回到县城,廖俊波把分管的县领导和金融部门的负责人召集到一起,就农民贷款难问题开展了研讨："农民没有合适的抵押担保,银行按现行规定不能贷款,我们是否想想办法？比如,县财政户头有省里200万元扶贫贷款贴息,长期放在户头没有使用,我们能不能再筹些钱,一起作为保证金,帮助农民贷款呢？"邮储银行率先响应,打开了农民小额扶贫贷款的通道。

这些贷款，由县农办、县扶贫小额信贷助推协会和邮储银行合作推出，专门为中低收入的农民量身定制，尤其针对有创业梦想却没有资金或缺乏抵押物和担保人的贫困户。他们以省扶贫贷款贴息和自筹的部分资金作为风险保证金，为农户提供担保；而农户用自己的土地经营权、林权、宅基地等向协会反担保，从而取得邮储银行的贷款。这个金融产品一推出，就受到了农民兄弟的一致欢迎，他们称其为"惠农易贷"。

洋屯村是第一个尝到"惠农易贷"甜头的。莲子合作社以1800亩土地流转承包经营权、436亩林权为抵押，帮助社员从银行贷款110万元，解决了莲子种植的最大难题。瓶颈打开后，洋屯的莲子呈规模发展，从700亩到2700亩，种植也从一个村扩大到三个村，年产莲子130多吨，产值超过了千万元。"惠农易贷"更是直接促进农户的脱贫。外屯乡贫困户陆定妹，由于妻子重病花光了家里的积蓄。他家贷来5万元入股农家人莲子合作社，一年保底分红3000多元，同时在合作社务工赚取工资，年收入合计增加万元以上。廖俊波主政期间，以他亲手建立的"惠农易贷"小额信贷风险担保金，撬动银行发放信贷资金1.8亿元，有力地推动了乡村扶贫和振兴。

聚力"蝶变"
——政和乡村振兴故事

政和廊桥的诗与远方

◎ 陈毅达

我第一次听到"廊桥"这个词,是在闽北的政和县。那是 20 世纪 80 年代初期,我刚参加工作不久,应邀来政和参加一个乡镇的农民诗会。当时正值年底寒冬。参加完热气腾腾的诗会后,却因冷飕飕的降雪封路,我无法返程,被困在政和县招待所,只好又多待了两日。

那时的政和县城,地偏城小,城区仅有一条小街。不过,此时文脉底蕴已彰显,写诗为文风气蔚然。当地一位文友十分热情,怕我待着寂寞,在大雪初融之际,就问我是否想去看看城南的星溪桥。此时的我,"文青"一个,正借着改革开放的东风,贪婪地汲取外来的文化,并没有对看桥有什么兴趣,就问道:"一座桥有什么可看?"至今记得,那位文友面露尴尬,吞吞吐吐地说:"那桥可是座古桥,是廊桥!"廊桥,就这么闯入了我的耳朵里。我觉得"廊桥"这名字挺好听的,但不就是一座桥吗?一座古桥,有什么好看的?于是,就婉拒了,说是衣服带得不够,外面太冷,还不如在招待所里围炉烤火暖和,以后有机会再去看看吧。可能是我当时语带不屑,那位文友低头不语了。

之后，因工作关系，我曾多次来到政和县。我去过洞宫山探秘"怪圈"，感受过佛子山的优美与静谧，观赏过镇前镇的鲤鱼溪，徜徉于东平镇的楠木林，品尝过政和的花茶与红茶，却一直没有兑现探访政和廊桥的计划，也没有想过应该去看看政和廊桥。说到底，我仍是没把政和廊桥当回事。

直到20世纪90年代初，电视传播逐渐兴起。因参与《朱熹在闽北》电视纪录片的撰稿工作，我随同编导在闽北多地选景。在武夷山、松溪县等地，我终于见到了廊桥。当我看到横贯于山涧溪流之上，由木头构建且造型独特的廊桥时，我立刻被深深吸引。廊桥所散发出的古朴与沧桑，以及它独特的魅力与韵味，使我意识到过去可能忽视了廊桥所蕴含的巨大的历史文化价值。此时，我萌生了深入了解廊桥的浓厚兴趣和强烈愿望。

然而，由于此次重点任务是陪同编导为电视摄制选景，行程安排紧凑，我无法独自停留下来细看廊桥。在这短短几天时间里，我几次看到静默于山中溪上的廊桥，每次只是匆匆一瞥，却总感觉那古老的廊桥背后一定隐藏着许多故事与秘密。坐进车里时，随着车辆在山路盘行、在溪河边行进，我不由得思绪绵延，从脑海深处，就跳出了在政和拒看廊桥的事来。此时此刻，我才觉得，当时我的拒绝挺无知的。我也想到了那位政和文友，是否他曾在心里嘀咕着我的可笑？他那种欲言又止、略显失落的神情，也就特别清晰地浮现出来。

20世纪末，闽北曾遭遇过百年不遇的洪灾。政和县也因此深受其害。我又一次来到政和，采访这次巨大的洪灾及所带来的地质灾害的情况。采访过程中，我也了解到，这次的洪灾，也给几座政和廊桥带来了严重的损毁。但那次采访因更多地关注泥石流所带来的生命灾

后山廊桥（徐庭盛 摄）

难与惨痛，加上一些乡村公路灾后尚未修复，时间又太紧，我只能放弃去几处政和廊桥损毁的现场看看，与政和廊桥再次错过。对这次的错过，自然感觉上与过去不同了，也不知为何，我当时心中只留下了深深的遗憾！

后来，在很长的一段时间里，伴随着对中国传统文化的进一步重视与发掘，廊桥开始渐渐展现出它作为传统文化独特的一面，逐渐向世人呈现它特殊的魅力和特殊的价值。我从各个方面陆续了解到，廊桥在中国有2000多年的历史，在北宋张择端所画的巨作《清明上河图》中，其中所绘的"汴水虹桥"，有不少专家认为它是木拱廊桥，且建造技艺仍然留存在闽浙山区一带。2009年9月30日，"中国木拱廊桥传统营造技艺"被列入联合国教科文组织《急需保护的非物质文化遗产名录》。2012年11月17日，由闽浙两省的屏南、政和、寿宁、周宁、泰顺、庆元、景宁等七县捆绑的"闽浙木拱廊桥"申遗的22座木拱廊桥，正式被国务院批准列入"中国世界文化遗产预备名单"，政和的后山、洋后、赤溪 3 座木拱廊桥名列其中。中国廊桥，特别是木拱廊桥，声名大振，远播四方。得知这些消息，我心中却多出了一点隐痛。我又想到了多年前在政和拒看廊桥这件事。时间证明，我曾经是多么浅薄而不自知。人可以忘却在人生过程中许许多多的生活失误，却很难原谅自以为是造成的精神过失。我不由得有些忐忑不安，心里惶惶，更加深感对不住那位政和文友，我也不知，当年我对他去看政和星溪桥建议的轻慢，是否对他有心理上的伤害。

　　我在闽北生活和工作了多年。闽北地处山区，抬头见山，低头见水，山环水绕，山水相间。随便一处地方，都能看到溪河潺潺，穿城而过；极目远眺，尽是峰峦叠嶂，满目青翠。年轻时，我精力充沛，常常登山。那时登山，多是为了寻求高度，登峰凌顶，俯瞰云蒸霞蔚，远眺群山，心胸开阔。中年时，不知为何，我开始偏爱闽北之水，立岸临水，看河流蜿蜒，汩汩流淌，波光盈盈，静思有我。而如今，我已步入老年，不知从何时起，在不知不觉中，不再在意山的高峻和水的悠长。我开始喜欢在山水之间，关注一叶一花、一崖一涧，探寻幽秘之处。某处石壁、某口深潭、某间书院、某座祠堂，无论是在蓝天白云之下，还是在微风细雨之中，都可停看默想。也就在这个时候，我接到了福建省乡村振兴研究会的电话，邀请我去政和参加脱贫攻坚和乡村振兴的采风活动。这个邀请立即勾起了我关于政和廊桥多年的牵挂，我毫不犹豫地答应了。

　　距离我上次到政和县，已有 42 年。而在这 42 年的岁月中，时代不断向前发展，诸多变化随之而来，政和廊桥成为政和县历史文化的神奇密码和宝贵遗存。围绕廊桥，政和县在保护、修复、研究与利用等方面做了大量工作，致力于在乡村振兴中复兴优秀传统文化，推

聚力"蝶变"
——政和乡村振兴故事

洋后廊桥（徐庭盛 摄）

动乡村传统文化的振兴。

从县里提供的丰富资料中，我进一步了解到，从唐代至清代中期，福建省各地共建有2694座古桥。据民国《政和县志》记载，政和县当时有古桥235座，其中绝大部分为廊桥。而政和县的廊桥建设，甚至早于建县。在《重建星溪桥记》中，明朝成化年间的兵部尚书尹直写道："政和县治南有星溪，发源于铜盘山，西流入建溪，水势湍急。旧有桥以济往来，始建于宋咸平之初，县未建先之也。"同时，文中还记载："架木为梁，叠石为址。上有屋覆，旁有栏椅。"建桥先于置县，确实较为少见。这座星溪桥是已知政和最早的木构廊桥。若想领略廊桥的建造魅力，探寻政和的历史渊源，星溪桥堪称沟通古今的桥梁，是开启文化记忆的钥匙。

政和廊桥的诗与远方

我终于明白,当年那位政和文友提议我去星溪桥走走,或许源于他对故土的深厚情感。他深知星溪桥是承载着廊桥记忆与乡愁的固态存在,是一位很早就具有地方乡土文化意识的有识之士。如今,我已联系不上他,只知道他后来离开了政和,前往外地。我相信,在外地生活的他,只要想起政和故乡,星溪桥一定是他怀乡念乡的精神家园,是他心中故乡最美好的标识之一。我也在想,一片故土往往有着深远的流传,即便成为远方的游子,只要这份流传永存于心,就会成为他心中永远思乡恋乡的核电站。

这次来到政和,我还前往了闽浙交界的岭腰乡后山村。抵达时已至下午,冬日暖阳洒在村野之上,后山廊桥静卧于乐溪之上。这座有着200多年历史的廊桥,承载着神秘的传说。相传,最初计划将廊桥建在村口,然而村民砍伐的杉木在溪中运输时,却被溪水冲至现址。乐溪中有两条神鲤,截住了这些木材。经重新勘测,村民发现此处建桥更为适宜,便决定在此处筑桥。如今,那两条神鲤化作桥墩,静卧溪畔,支撑起古木廊桥。历经岁月洗礼,它为后山村民带来安宁。政和的每座廊桥,或有来历,或有典出,或有传说。这些故事背后,都暗示着廊桥已成为一方文脉传承之所,承载着乡村生生不息的历史。

政和的先民们,在荒野中开拓前行,逢山开路,遇水建桥,形成了众多古道与廊桥。段玉裁在《说文解字》中注释道:"梁之字,用木跨水,今之桥也。"先辈们为便利往来,开辟了无数道路,建造了无数桥梁。从最初的实用建造,到如今成为文化传承的载体,这些古道与古桥承载着先辈们的智慧与心愿,成为一方土地的传统瑰宝。曾经为利往而建的政和的廊桥,虽无宏大构造,却为人们遮风挡雨,成为心安之所。

聚力"蝶变"
——政和乡村振兴故事

凤林的文旅品牌

◎ 唐颐

  凤林、凤林，凤凰栖息于茂林，多么古朴典雅吉祥的村名。

  甲辰冬至时节，蓝天白云之日，慕名前往政和县铁山镇凤林村。沿溪而行，远眺古村，水光山色，茂林修竹。步入古村，便被村中央的一株古樟树所吸引。古树年逾千岁，树身伟岸，需六七人才能合围，冠如华盖，荫蔽众生，不禁让我笑言：原来凤凰最初看上的是樟树林。

  凤林村于2019年入选中国传统村落名录，其文化底蕴以朱子文化为核心。朱子三代与政和特别是凤林关系密切。宋政和八年（1118）朱熹的父亲朱松首仕福建政和县尉，携一家八口入闽。其父朱森选定在凤林的护国寺清居，常邀当地儒生在此谈经论道，传授儒学。历四年，朱森病逝，恰逢方腊起义，道梗不通，朱松不能扶柩还籍，只好停柩于护国寺内，后因政务繁忙，且家道清寒，遂将先父葬于护国寺后侧莲花峰下，在旁筑韦斋草庐，守墓三年以尽孝道。宋宣和五年（1123）八月，朱松调任尤溪县尉。宋建炎三年（1129）十一月初，因金人南下，朱松携全家往政和避乱，寓居护国寺。次年五月，朱松带着已怀孕的祝氏夫人重返尤溪。九月十五日，其子朱熹诞生。故有

凤林村古建筑（陈昌村 摄）

朱熹"孕于政和，生于尤溪"之说。

铁山镇宣传委员小周为我导游朱子孝道园。2022年，铁山镇争取到资金2000万元，对凤林村的文物遗存进行修缮提升，保持古朴风貌，并新建朱子孝道馆、半亩方塘、生态停车场、游览步道及绿化工程，以"朱子孝道，政和出发；孝行天下，福满人间"为主题，提升传统文化品牌，激活凤林文旅魅力。

朱子孝道园项目业已大功告成，朱子孝道馆正在布展中。观看展板，朱子的孝道故事引人入胜。朱熹6岁随父返回政和，为祖母守孝27个月。他父亲教他的第一部书是《孝经》。朱熹读罢，在扉页上写道："不若是，非人也！"窃以为，这不是普通的读后感，而是朱熹少时立下的终身恪守礼教的誓言。

朱子的伟大贡献，是"继绝学，绍道统"。他高举孔子的孝道旗帜，认为孝道是人的天性所在，是人类社会得以存在和发展的基础，也是孝道得以产生的根源。他在《四书章句集注》中指出，"天理"是宇宙存在的普遍规律，孝道是天理在人类社会中的具体体现。

实地走访铁山凤林朱子孝道园后，"千年政和，孝道文化"的底蕴便以更鲜活的姿态扑面而来。

此时若想延续这份文化共鸣，不妨移步至梅龙溪畔，去探访一座新建的廊桥叫花桥。2019年10月，在梅垄溪上举行了隆重的花桥开桥仪式。凤林花桥，其历史可追溯至唐朝末年，是县城通往铁山镇的必经之路。在梅垄溪下游，即铁山村的村尾，有一座屯尾桥，现更名为启贤福桥。这座桥曾见证了朱子三代人的足迹：朱松曾相邀好友聚于桥上吟诗论道，留下诗作《溪桥纳凉晚归小景》：

谁共溪边沆瀣杯，惊鱼不睡棹歌来。
风生苹末无多子，更待冰轮作伴回。

这一带是政和大白茶的原产地。每年开茶季节，乡民便在启贤福桥上挂茶灯祈福；每逢婚嫁、添丁、祝寿等喜事，也在桥上煮上一壶"福茶"，招待南来北往的客人，在此桥上茶香盈怀。

民国末年的一场特大洪水将铁山村的启贤福桥冲毁，后来多次重建，却始终无法恢复往日的辉煌。前些年，广东爱依服商贸有限公司、世界朱氏联合会、南平市慈善总会及1500多位热心人士捐款总计600多万元，启贤福桥于2022年10月开工建造，历时两年，千年木拱廊桥重新面世，为朱子文化和福文化再添一道美丽风景。

民间焕发出的对传统文化的热爱和对公益事业的热心，总是让人赞叹不已。而每年农历八月初二至初四，凤林村都要举办走古事、抢溪洲的民俗活动同样如此。

据地方史料记载，唐末乾符五年（878），黄巢农民军修通了仙霞岭驿道，从浙南挥师到达福建北大门浦城，兵分三路南下，主力部队进攻政和。唐僖宗先派御史中丞李彦坚抵挡黄巢，兵败。又派福建招讨使张谨率领大军继续阻击。张谨携郭荣等18名将领所率大军与黄巢农民军在铁山激战九天九夜，最终弹尽粮绝，战死疆场。

后来，当地民众在他们的牺牲地和驻扎地修庙祭祀。凤林村里的回龙宝殿，殿正中央供奉的是张谨和他的夫人，陪祀的有郭荣元帅和他的母亲圣公婆、他的妻子江夫人等。关于郭荣元帅和江夫人的传说很有意思：江夫人本是凤林村的一位江姓小姐，在一次祭祀巡游仪式中，她看见黝黑威武的郭荣神像，随口说道："这人长得这么粗犷，怎么娶得到老婆？"旁人打趣："那你做他的老婆吧！"不承想，此后江小姐竟春心萌动，日夜思念郭荣，茶饭不思，一病不起，不久便追随郭元帅而去。凤林村人为江小姐的痴情所感动，遂在回龙宝殿塑立江夫人塑像，与郭荣元帅比肩而坐。

巡游仪式于上午举行，人们将祭祀的张谨和郭荣等先贤神像安放于轿台，沿着蜿蜒巷道巡游，神像所经之处，家家户户燃放鞭炮，祈求英雄护佑风调雨顺、国泰民安。

重头戏是下午的"抢溪洲"活动。与其说是活动，不如说是表演，舞台就设在梅龙溪中一段几百米长的河道。为了重现当年溪洲鏖战时的场景，巡游的神像会戴上头盔，换上一身飒爽的战袍。而后，一声令下，"精忠报国"大旗和金黄色元帅旗率先冲出，郭荣大元帅作为冲锋指挥官，其台阁最为醒目。各种彩旗紧随其后，你追我赶，水花

聚力"蝶变"
——政和乡村振兴故事

凤林抢溪洲（徐庭盛 摄）

四溅，呐喊声声，威风凛凛，以此缅怀战死沙场的英雄志士。

以"抢溪洲"为鲜明特色的"政和走古事"，于2014年被列入南平市第五批非物质文化遗产名录。

当我要离开凤林村时，小周盛情邀请我明年农历八月初重游故地，实地感受"抢溪洲"的氛围，说是可以站在古朴厚重的凤林福桥上观看，那里的视野一定很好。

于是，我登桥环顾四野，不禁想起一首著名的诗：

你站在桥上看风景，
看风景人在楼上看你。
明月装饰了你的窗子，
你装饰了别人的梦。

一渠引来幸福水

◎禾源

政和县的母亲河七星溪，七转八弯，绕山走谷，一路向西而行，在政和西部的石屯镇冲刷出一片河谷盆地，孕育了山间平原。逐水而居的先民就在这块平原上结庐而居、开荒种地，这块盆地逐渐形成了松源、工农、石屯、长城、洋后、王山口、西津等村落。

"水善利万物而不争"，七星溪在石屯镇造就了万亩粮仓，然而水性自然，天性不羁，连日暴雨则洪水滔滔，泛滥成灾，干旱时浅水低吟，难解万亩粮田灌溉之急，可谓是"万物莫能与之争"。石屯镇人世代与水相亲，与地相依，水教给了他们"因势利导"的智慧，他们便在20世纪60年代初举全境之力，筑坝修渠，开沟引流，建立起石屯镇的水利体系，造福了一方人，从此这里便有了一条延绵11千米的"幸福渠"。如今临渠问水，清凌凌的渠水流淌着诉不完的故事。

一

就在长城村的"幸福亭"前，村里的老村干老陈给我讲述了开建

石屯镇长城村"幸福渠"（阮倩敏 摄）

这条"幸福渠"的艰苦岁月。他说，这条水渠没建成前，旱、涝皆灾，干旱时村与村、户与户常要抢水灌溉，纠纷连连；洪灾时，毁堤淹田，农业减收。1964年省里决定在七星溪右岸兴修水渠，虽说那时自己还小，可十分激动，1966年小学毕业后便参加修渠工程建设。那时候从各村抽来青壮劳力，组成开山炸石建坝的专业队，在西山坂搭棚驻扎，各村自筹粮款，称为"三自带"，带队的干部与专业队同吃、同住、同劳动，称为"三共同"。专业队修筑大坝，社员群众分段挖渠，人心齐，干劲足，苦战了7年，于1970年开通主渠，还附加一些配套建设。据统计，共投资26万元，投工9.6万工日，完成土石方8.6万立方，工程完成后，能灌溉5000多亩农田。群众说这条引水渠建成，给子孙后代带来了幸福，故名"幸福渠"。

听到老陈的一番讲述，让我联想到"红旗渠"，它于1960年2月动工，1969年竣工，漳河的水通过人造天河进入林县，但在这10年时间里牺牲了81人。我跟老陈说起这事时，他把目光投向一马平川的沃野，一声感叹，说道，石屯的"幸福渠"工程比起"红旗渠"只是小工程，可一样留有悲壮的故事。

二

1971年，石屯公社再次实施"根治七星溪河道，彻底改变旧石屯"的规划工程。发扬"一不怕苦、二不怕死"的精神。当时石屯公社先后有知青点10个，来自福州等地插队知青300多名。为了修筑七星溪防洪大堤，有200多名知青踊跃参战，他们每天举着红旗，喊着"下定决心，战天斗地，根治七星溪"的口号，在工地上与农民兄弟并肩劳作，真正在农村滚一身泥巴，淬一颗红心。七星溪畔涌现出知青"铁姑娘"和烈士林金官。一天突降暴雨，山洪暴发，林金官为了抢救拦坝被洪水冲走。当时全体知青和各村百姓沿溪寻找，还出动了海军，但在下游几千米处找到他时，他已经牺牲了。时光虽过多年，但老陈讲述起这段往事，心情依旧沉重。就在这当口，我在网上查了"地方志历史文献"，从中找到"1976年6月20日，省革委会追认抗洪护堤斗争中英勇牺牲的政和县石屯公社知青林金官为革命烈士，中共建阳地委追认他为'模范上山下乡知识青年'称号"的条目。

我还想再追问一些细节，可老陈却突然改变了话题。他指着田野说，曾经这万亩粮田并非一马平川，其中处处山包凸显，也是在20世纪70年代把荒坡改造成了平畴，还开挖了20多条灌溉支渠，如今七星溪、主渠、支渠组合成的水系就像一棵大树影映在大地上，把母亲河的水引到每块土地上。我本想多听听曾经的故事，但体会老陈的情绪后突然转念，心想往事早已融入这片土地，今日的生机本就是历史的延续。跟随着他们走过田间阡陌、机耕道、休闲漫步道，眼前的景象让人惊叹：别处田秋后留下的多是一茬茬稻秆头，而这里却已种下一畦畦盖膜的烟苗，极目尽是生机。不一样，真的不一样，有了"幸福渠"的滋养，活了土地，活了勤劳本性。

三

长城村村支书宋厚强给我的第一印象，是个干练、能做事、敢做事的人。他一路同行，老陈在讲述过往时，他一样沉浸其中。直到谈及"幸福渠"的现状，他才打开话匣："过去的幸福渠，主要防洪灌溉保收成；今天的幸福渠，不仅行使着过去的使命，还谱写着乡村振兴幸福曲，是一条增收致富、观光休闲、产城融合的幸福之渠。"

他说这段话的时候，我们正走在"幸福渠"的

一渠引来幸福水

"幸福渠"穿过长城村（阮倩敏 摄）

聚力"蝶变"
——政和乡村振兴故事

长城村段。我问他,这渠水一直是这么清澈吗?多少清流进村复出便污浊不堪,何况长城村是一个拥有2000多人口的大村。他浅浅一笑,说并非如此。原先村前的这一段水渠上搭盖密布,明渠变成暗渠,渠水污浊不堪,后来下大力气整治,才还给"幸福渠"一渠清水。他说,这件事难办,但必须办好,挨家挨户走访动员,一边跟他们一起回顾建渠的艰辛故事,一边展望乡村振兴前景,同时也让他们知道渠上搭盖是违建,没有补偿。他们心里都明白,可就是互相观望,谁也不肯带头拆除,后来在亲戚朋友身上寻找突破,让他们带头拆除,才把这件事办好。这一举措不仅把清流还给了"幸福渠",还改变了村民们的不良生活习惯和生活观念,乡村振兴在"幸福渠"边迈开了重要一步。

上善若水,水清心亮,他们便谋定抓好"两叶"的产业发展,让村民增收,"幸福渠"流淌出致富水。

宋支书说的"两叶"即烟叶与茶叶。烟叶与茶叶既是传统产业又是主导产业。随着"幸福渠"防洪与灌溉功能的完善,减灾防灾有了定心丸,种植大户便大胆地流转村民土地,大面积进行烟叶和水稻的轮作,放心投入资本,购买现代化农业机械,从传统耕作方式向现代高优产业发展,有效提升农业产值。宋支书还举了村民宋红信种植烟叶的例子:宋红信2023年种植40多亩烟叶,一年收入大概有20万元。烟叶收成后,烟田里的烟梗和杂草拔起掩埋,再犁一道,又可以种上晚稻、玉米、蔬菜等,又有一笔可观的收入。长城村像宋红信这样的大户就有20多户,烤烟房有50多座。"幸福渠"沿岸,实现增收致富的村民有300多户。石屯镇2024年烤烟种植指标9182担,居全县首位。人勤地不懒,再添拓宽和疏浚、加高渠堤、加固渠岸、硬化田间道路等举措,"幸福渠"真正建成了一条村民增收致富渠。

说到茶叶，他指着村委楼方向说，为了让政和大白茶跟着"幸福渠"走上致富路，就在那里建立了建筑面积达2310平方米的茶青交易市场。石屯镇共有茶园面积10000多亩，产量近2000吨，有了这个交易市场，既方便了群众，还能促进茶产业的发展。

做好传统产业提质提效的同时，还做好新质产业发展的文章。那就是讲好"幸福渠"故事，建好"幸福渠"风光，让"幸福渠"成为农业观光休闲渠，成为产业融合的示范渠。利用田园风光，以渠引路，阡陌交通，修建休闲堤路、展示台、观景亭、凉亭等，还建立田间茶饮亭，引入共享单车等。我跟着他们走走停停，领略着"幸福渠"带来的慢生活的情调。

宋支书说，村里不仅有得看、有得玩、有得体验，还建成了两家宾馆，老人食堂对外开放，接待游客、研学团队和在这里经商、打工的人员，实现了"三产"融合发展。"幸福渠"不仅流淌着致富之水，还引来让人向往的田园居休闲生活，打造出乡村振兴的新业态。

"幸福渠"潺潺流水如同灵动的丝线，串联起一座座山林气息，交织起村落里的日常岁月，不仅成了沿渠各村的农业命脉，还成了产城融合的纽带。"幸福渠"沿线10千米道路实施白改黑工程，从县城驱车只需十几分钟即可抵达，沿渠村庄实施立面改造工程，打造出和县城融为一体的城市景观带。石屯镇得益于"幸福渠"的福泽滋润，乘着乡村振兴的时代春风吹拂，正朝向"宜居、宜业、宜游"的目标大步迈进。

江山多妙观，水系如长卷。"幸福渠"就是长卷中的妙笔之花，注满幸福之水，绽放在石屯镇的这块土地上。

茶事佳话

◎何英

以茶为媒，以茶说事，全面推进乡村振兴，在政和是一道亮丽的风景。

在推进社会主义新农村建设中，基层党员干部在工作中遇到了"不畅的症结"，便约村民到就近的茶室喝茶。坐定后，干群互相评议一番怎么制好茶、如何推介茶产品、中间的环节该如何推进，交流制茶过程中要把握什么关键点、如何扬长避短，乡村干部如何在其中起作用等。接着，各自再掏出一泡茶慢慢地品。哎，那不畅的症结，似乎一点就通。同样，村民在邻里之间若有不和谐之事，只要召唤一声"坐下来喝杯茶"。于是，那家长里短的琐碎事，就在你泡一壶、我品一杯的过程中化解了。

茶事，的确是一种文明建设的催化剂。

一

政和，是福建省重要的产茶地之一。

茶事佳话

政和白茶，可追溯到唐末宋初。

史载，宋代政和已成为北苑贡茶主产区，"银针"被文人誉为"北苑灵芽天下精"。假若你慕茶到政和，民间待客有"待客一杯茶也醉"之说。好客的茶人还介绍说，民间婚事历来有"嫁女不慕官宦家，只询茶叶与银针"之典故。那"千年白茶、百年工夫"之美誉的政和茶事文化，据传始于晋，兴于唐，盛于宋，发展至今。

近年来，全县在着力打造宜居乡村、持续推进城乡建设的各项工作中，留下了真实感人的茶事佳话。

地处政和东北部铁山镇的江上村，距城关13千米，204省道穿村而过。在近年来的美丽家园建设中，村民积极种植茶叶、毛竹、锥栗和八月爆、火龙果、水蜜桃等，江上村成了城区居民生活的后花园。

村里在打造花果园、协调"周转用地"时，遇到村民陈某某不太配合。村干部与他约好时间，将他载到本村李某某在县城开的茶店里喝茶聊天。

这时，店主的一位县城朋友来店里喝茶，刚坐定就说："我明天要带家人去你们村里看桃花，还要去你的茶厂看看，这可是孩子们难得的乡村体验！"

陈某某听到这，脸色倏地红了，想起幼时跟着祖辈进城，总被人笑称"乡巴佬"。如今村里发展了，城里人反倒争着往乡村跑，如果自己不支持，就会被笑话为"乡下的傻瓜"了。

想到这里，他端起茶杯朝向村干部："我想通了，我会全力配合村里的打造。"说完便一饮而尽，起身回家了。

县治所在的熊山街道，也利用"闲话家常一杯茶，矛盾纠纷早发现"的方法，推进城乡区域工作。

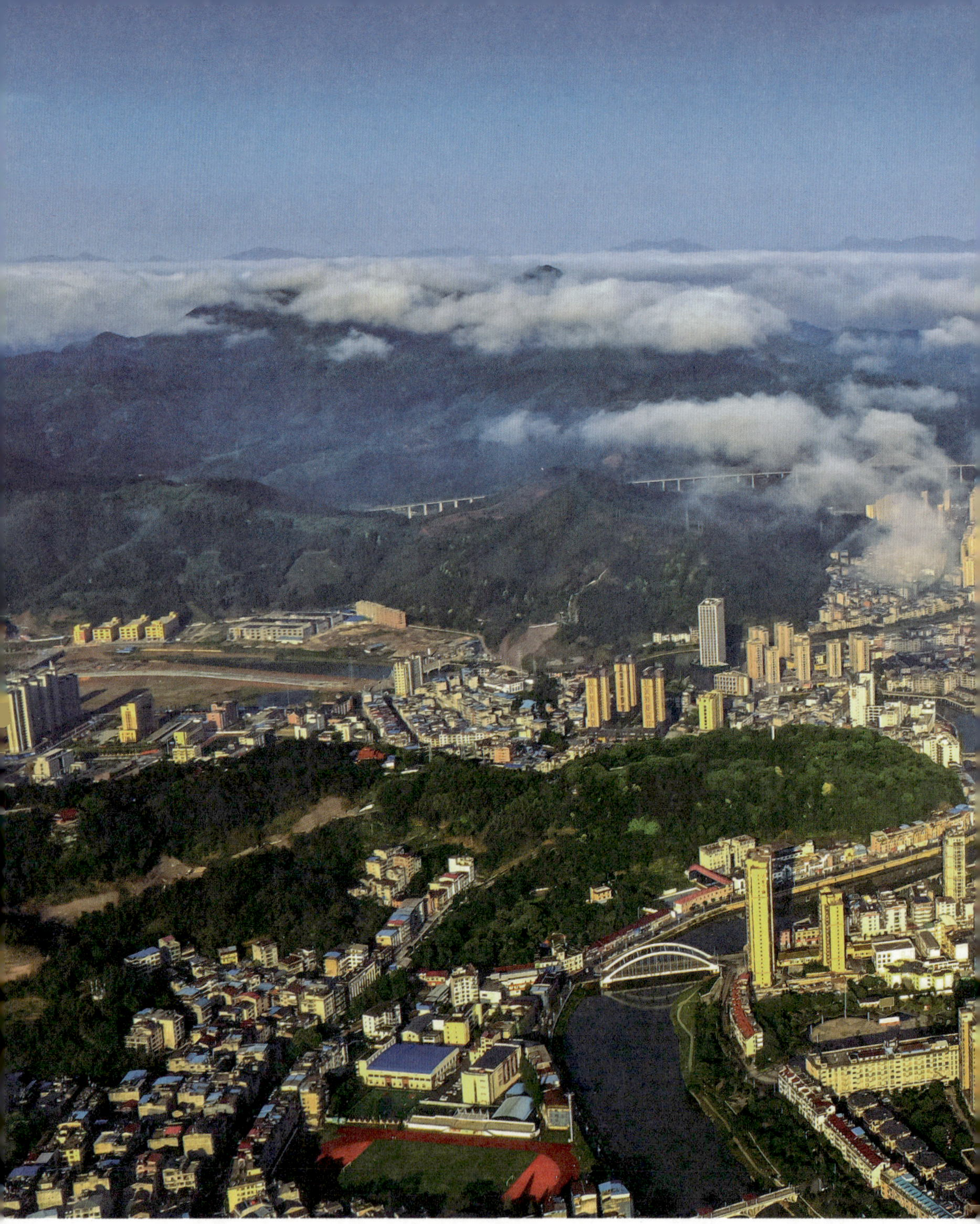

政和县城（张书 摄）

他们根据群众茶余饭后聚集在凉亭、廊桥纳凉聊天的特点，将邻里纠纷抓早抓小、源头防范，使茶事成为消弭邻里纠纷的"催化剂"。

坚持统筹整合辖区内城乡接合部，利用各社区党群服务中心、廊桥、小区休闲凉亭等"小微空间"，用心打造白茶亭、"茶话近邻评理室"，作为群众吃茶说事和协调纠纷的开放阵地，是他们的一大特色。有时是基层干部带着茶，有时是乡村群众带着茶，让居民与进城务工的人员，在"家门口"就能畅怀地交流家长里短的琐碎事。

村民黄某是进城务工多年的家政服务者。她吃苦、勤劳、处事利索又不计较，被一个儿女均在外地生活的"空巢老人"聘请。然而，这位老人年事已高，且进入阿尔茨海默症早期，黄某每次推着她出门时，老人逢人便数说她的不是。有时，老人的一位亲戚也会无端地指责她。老人之前就频繁更换家庭服务者，不久，黄某也想辞职不干了。基层工作人员得知后，特地带着茶，在黄某陪老人出门时，陪同她们到聚龙小区休闲凉亭里喝茶聊天。几杯茶后，黄某化解了心结，答应安心留下陪伴老人。

据介绍，熊山街道仅2024年就共建吃茶、说事、评理阵地36个，由29名党员干部定期开展茶话会、吃茶夜话、白茶亭议事等活动，让群众坐下来、实话说出来，把群众生活中的矛盾纠纷消弭在萌芽状态。

二

政府在着力打造宜居城镇、持续推进乡村建设的项目中，注重提升乡村高质量工程，借茶事促进项目落实。

随着乡村高质量园区建设的推进，为了满足人民群众高品质生活

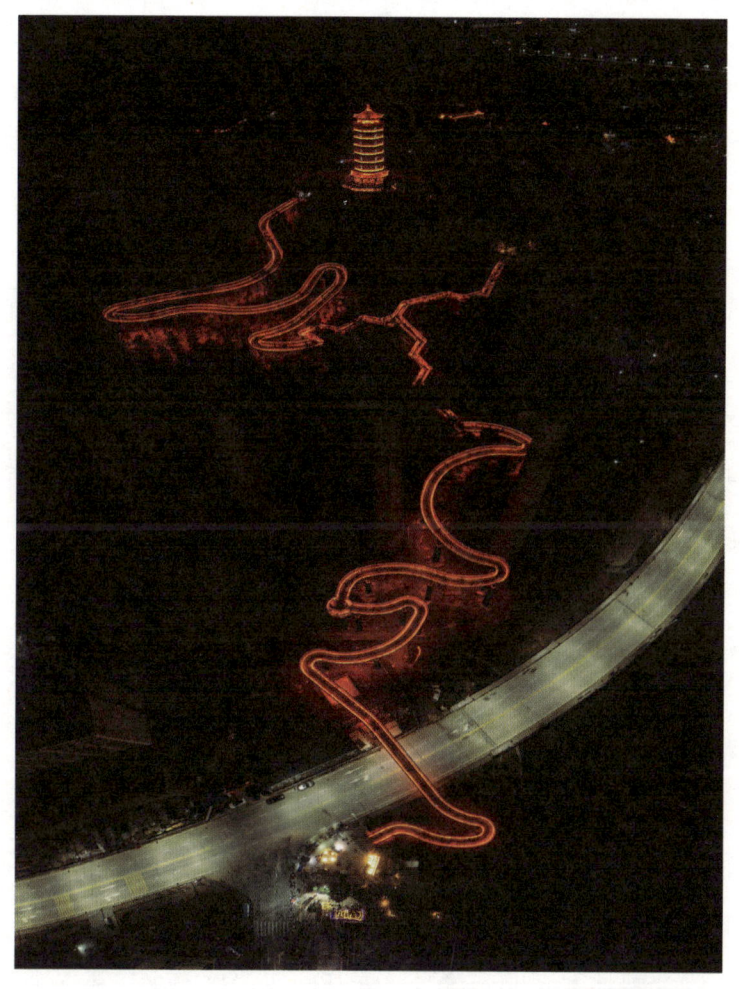

福山福道（陈昌村 摄）

的需求，近年来政府建设了重点工程——位于星溪河畔的福山福道。当人们漫步在福山福道的入口，就能看到特意设计的凉亭和石板凳供群众随意品茶聊天。真让人感叹：在政和，茶事活动早已深入振兴乡村、推进新农村建设的每一个环节。

聚力"蝶变"
——政和乡村振兴故事

在福山福道项目建设的过程中，林地和菜地的征用问题曾引发群众顾虑，他们也是用茶事交流，留下了动人篇章。

福山福道，是采用现代高质建材结合钢架结构，穿行在林间的登山道。在工程规划初期，部分群众以保护绿化林地为由不配合。负责项目的党员干部耐心地进村入户，从品茶聊天着手，宣传建设城乡居民高品质生活的目的和意义。在几次的茶事聊天中，很快就把项目落实到位，保证了工程的顺利完成。

采访中还了解到，近年来政府相关部门利用茶事文化持续开展"企业家下午茶""晚餐会""百名局长帮扶百家企业"等活动，创新推出"政（和）、松（溪）、庆（元）"三地"跨省通办"等政务服务举措，实现"一趟不用跑"和"最多跑一趟"的高质量项目，占全县建设项目总数的99.9%。

三

按照"产业兴旺、生态宜居、乡风文明、治理有效、生活富裕"的乡村振兴总要求，有关部门在推进"产村融合"、打造"一村一品"、因地制宜突出地域特色、提升高质量振兴乡村建设水平的过程中，重视提升营商环境和制定招商引资、吸引人才的政策。乡村干部通过茶事文化吸引学子回乡创业，同时吸纳来政和投资兴业的人员留在政和，留下了鲜活的茶事佳话。

铁山镇江上村的李信忠，2012年从湖南警院毕业后，回乡接管祖辈留下的茶山。

正当他为如何打造高质量产品而犯难、心生再择业念头时，上级派到村里的驻村工作队员约他喝茶聊天。在一泡又一泡茶的茶叙中，工作队员向他伸出橄榄枝，劝他认真思考。在驻点的工作队员又邀请他到村头的廊桥喝茶聊天，真诚地传授他评茶技艺。

在这"几片树叶"的杯盏茶事中，李信忠决定留下来专心经营传承的种茶技艺。随后，他申报成立大隆茶叶公司，专心致志地用传统工艺制作小白茶。

今天的他，在茶事文化的熏陶下，被政和茶界公认为不浮躁、信守传统制茶工艺的传承人。

1987年出生的郑光钊，高校毕业后在浙江和江苏的建筑界创业。2021年12月，他被铁山镇鲜活的茶事方法吸引回村，参与乡村振兴，推进新农村建设。今天的他，引进精品农业，获得大家的点赞，已经成为村主干的佼佼者。

据介绍，在铁山镇的15个村级主干中，被类似茶事方法吸引回乡参与乡村振兴工作的就有4位。

政和从2021年开始，每年严格按照程序评选10名优秀"新政和人"，涵盖茶、竹、木、加工、教育和医疗等行业，产生"一花引来石花开"的效应。同时，通过建立县领导挂点企业、联系人才机制，选举"新政和人"担任村"两委"等方式，利用茶事活动帮助"新政和人"融入"第二故乡"，以"特色礼遇"提供开通银行信贷、子女就学及优质医疗等便利，留下佳话。

今天，全省各级都在推进振兴乡村的高质量建设，着力美化高品质生态多样性，乡村正在发生历史性的巨变。我们深信，乡村的水声、鸟声、风声及其他原生态的和美旋律，必将更加吸引追求高品质生活的人们。

我们信心百倍。

为土地赋能

◎沉洲

地处东南丘陵的福建省，境内八山一水一分田。闽北山区的政和县尤其如此，成片平整土地少，难以机械化生产。风里来雨里去，辛辛苦苦忙一季，田里的收获抵不上投入。农民纷纷进城打工，土地抛荒，乡村萧条。

如何在土地原始价值上寻求更高附加值？这是当地农业部门苦苦思索的难题。时间到了2021年，事情出现了转机。

乡贤叶祖清在浙江把葡萄产业做得风生水起，十年积累，已经具备丰富的种植经验和市场眼光。近些年，阳光玫瑰葡萄广受市场青睐，各地盲目跟风扩产，忽视技术追求高产，导致产品品质良莠不齐，种植户收益每况愈下，有些葡萄园已濒临难以为继的现状。经过市场调研，叶祖清欲借品种转型种植技术含量更高的新品种。这种叫妮娜皇后的葡萄，浙江气候不合适，他想到家乡东部的高山区，那里海拔在八九百米，气温冷日照长，昼夜温差大，很合适这种葡萄生长。他回到政和实地考察，着手寻觅适合种植的土地。

经过深思熟虑，他决定探索一种新型农业模式——粮油作物复合

东平镇营前农场"阳光玫瑰"葡萄（郭斯杰 摄）

种植经济作物，以此为支点撬动家乡农业现代化建设。此前他种葡萄出名后，这些年已有二三十户乡亲到浙江跟他学习，他的公司始终毫无保留地分享技术。如果这次在家乡做成功，乡亲不用再离开家乡，在家门口就能发展自己的产业，助力乡村兴旺。根据当下国家的农地和粮食政策，他拿定主意：创办的农业基地，必须"两高两持续"。首先高投入高产出，改良土壤，配套现代化设施；其次高位嫁接，与福建农学院、农科院签订战略协议，结合政和老区苏区县乡村振兴科技特派员服务团的优势，获得粮食与经济作物复合种植技术支持，进而提高土地价值，保证粮油作物生产可持续，并对在地经济发展产生持续影响。

这一思路与县农业部门一拍即合。几年前，政和营前国有农场解散，2000亩土地，你分三亩我分五亩，由农场职工自行经营。后来

聚力"蝶变"
——政和乡村振兴故事

集中流转承包给专业户种柑橘，没几年便难以为继，连地租也无法兑现。农场职工便随手种一点玉米、烟叶，甚至抛荒，土地资源未发挥应有效益。

营前农场不在高山区，这并非叶祖清返乡创建农业基地的初衷。

业界公认阳光玫瑰葡萄是中国葡萄行业的革命性品种。它一甜二香三脆，肉质紧实不易烂，玫瑰香浓郁，方便运输。葡萄果实到黄豆大小时，必须高薪外聘云南熟练师傅修果，使颗粒大小均匀，每串果穗约60粒，外观呈现好看的锥形。

作为浙江葡萄种植大户，盛庭公司及关联企业共种植1000多亩阳光玫瑰葡萄，"盛庭"品牌质量和口碑上乘，水果零售标杆企业"百果园"也乐于配送其产品。只要不急功近利，一亩地产量控制在2500到3000斤，精耕细作，做出高品质，就有很好的回报。

由于市场追捧，阳光玫瑰葡萄市场呈现"南果北运"的长周期销售特征：5月云南上市，随后浙江、河南、山东等地依次进入采收期。政和气温比浙江暖和，葡萄早一个月成熟。叶祖清想利用这个空档期错峰，赢得市场商机。

县农业农村局迅速推进，第一期流转营前农场土地300亩，盛庭农场（福建）有限公司成立。

叶祖清开始一步步兑现自己的构想，操作专业严谨。在逐级平整土地阶梯前，先把耕作层土壤搬运到一边，回填时每亩混入35吨牛粪和5吨食用菌渣，用有机肥改良土壤，提高地力。此前，他在政和周边县市考察，发现附近的建瓯、建阳等县域奶牛场多，优质的发酵牛粪堆积如山、无人问津。300亩地需上万吨牛粪，当年还出过一个笑话，一年年堆积如山的牛粪忽然消失，执法部门还上门检查，以为奶牛场不堪重负，把牛粪违法倾倒到河道里去了。

土地改良后，深挖四周沟渠超过种植层，从浙江采购水泥预制U型槽，同时请专业施工队安装。这是为葡萄园量身定制的，U型槽连接处留有空隙，土壤积水渗入沟渠再通畅排出，葡萄根系便能深扎。为了控制土壤湿度、隔绝雨水，通过水肥系统管道自动滴灌和喷灌。然后再预设各种传感器，监测地面和地下的温度、湿度，以及肥料的氮、钾成分等，实现手机软件全程控制。

智能温控大棚使用的钢材特别厚，为了不破坏钢架电镀层，避免生锈，甚至在工厂打好孔洞再热浸镀锌，运到实地整装。大棚设有天窗、侧窗通风控温，四周、顶棚薄膜可以自动升降开启。其内还布设一层细密的防鸟网，防止蚊虫进入，基本避免了病虫害的发生。

一亩地投资 20 万元，远超浙江总部的老棚子。如此操作确保葡萄高收益，从而实现粮油作物生产可持续。

省农学院、农科院的科技特派员实地调研后，提议复合种植黄豆、花生、土豆、地瓜等粮油作物。试种两年的结果显示冬土豆最优。土豆属于浅根系植物，不与葡萄根系争肥，11 月葡萄叶枯萎掉光到次年 4 月萌芽这个窗口期，大棚内阳光充足，冬土豆茁壮成长。

如此操作下来，全省最大的土豆与葡萄复合种植基地在政和初现雏形。

前期的高投入得到了高回报，这样的种植模式也给土地所有者和村集体带来了实实在在的红利。福建盛庭按每年每亩 600 斤干谷支付地租，并在合同中明确约定租金于每年年底前全额付清，仅此一项，每年为村集体贡献不低于 10 万元的稳定收入。土地所有者旱涝保收，闲置下来的劳动力到基地参与日常管护，增加了一份收入。

聚力"蝶变"
——政和乡村振兴故事

东平盛庭农场大棚（叶维荣 摄）

因为"盛庭"的成功，当地人脸上有了笑意，作为同乡，叶祖清也深受感染，心里洋溢着一种愉悦的成就感。

做农业看天吃饭，投资成本高、回收慢，风险也大。叶祖清暂时还没把葡萄种到理想境界。2023年，一场突如其来的冰雹打破大棚塑料膜，葡萄没长好。第二年又碰上气候异常，5月非常寒冷，还持续阴雨，6月太阳一露头，温度陡升至近40度，葡萄香型形成不充分，糖分也来不及完全转化。即便如此，"盛庭"的阳光玫瑰葡萄还获市场认可。

与此同时，在杨源乡富坂村的高山峡谷里，叶祖清也找到心仪的土地，成立了福建深山云谷农业发展公司，建成国内单体最大的妮娜皇后葡萄与粮油蔬菜复合种植基地。第一年产量不高，成色也不够理想，"百果园"经过200多项检测，仍然认定其品质居目前国内的第一梯队。

这种葡萄的种植技术难度高，效益更好。除了以干股支付地租，叶祖清自设门槛，在村集体不投资情况下，仍给予村集体利润的10%。叶祖清在探索一条可持续助力乡村振兴的路径，以盛庭的品牌、技术和市场，带动在地农民共同参与，形成村财造血功能，把政和高山区打造成妮娜皇后葡萄的一块高地。他满心希望家乡的农民，也能像云南技工那样逐渐掌握独门绝技，在做好家门口产业的同时，能像候鸟一样飞往全国各地的葡萄基地，被高薪聘请。

现在，在政和五六个乡镇，已经有8家专业户跟着盛庭学种植技术，他们的葡萄园虽小，但每家也得雇佣十几二十人。福建盛庭在

杨源乡富坂村"妮娜皇后"葡萄园（叶林建 摄）

政和的三个基地，高峰期要用工300多人，先后带动500多位村民在基地就业。葡萄的发展，使一批农户在家门口便能安居乐业。

三年实践，一揽子解决了地租、农民收入和乡村财政，还发展出可持续的新产业，为乡村振兴添砖加瓦。最为关键的是，未被破坏的耕作层可逆。用经济作物贴补部分粮油作物，土地也不存在非粮化。

2023年11月，这种乡贤带动在地农民创业兴业的模式获得认可，成为第四届中非合作论坛中的全球最佳减贫案例，走出一条人才、技术振兴乡村的新路子。

竹具工艺话振兴

◎ 黄锦萍

去政和采风，每次都住在华美达酒店。各处酒店大同小异，但华美达酒店与众不同。当我推着行李箱走进21层客房，迎面便扑来散发着竹子清香的风——原来房间里所有家具都由竹子做成：大到竹床、竹柜，小到竹桌、竹椅、竹茶盘。如果没有仔细分辨，几乎会误认作木家具，却比木家具更细致、更时尚、更温馨、更有质感，仿佛自带一种与生俱来的亲切感。置身在这样的环境中，感觉漫山遍野的竹林就在我身边，只是把政和的竹精华浓缩在这一间间客房里，让南来北往的客人，都能真切触摸到政和竹文化的独特魅力。

政和县竹林资源丰富，46万亩竹林分布在各个美丽乡村，全县从事与竹相关的企业有220多家，规模以上竹企46家，竹产业产值达73.39亿元。高端竹家具、竹空间设计引领全国，竹产业发展势头良好。近年来，政和县抓住"以竹代塑"机遇，立足生态优势和竹资源禀赋，着力推动竹产业、竹科技、竹文化、竹工艺深度融合，持续做精做细竹产业，打造中国竹具设计、制造、集散中心，让"一根竹"成为乡村振兴的"金钥匙"。

聚力"蝶变"
——政和乡村振兴故事

政和毛竹（余长青 摄）

  那么，华美达酒店这些高端竹家具又是哪家公司生产的呢？带着好奇探寻，答案指向福建品匠茶居科技有限公司。这是一家集研发和制造高品质、环保、安全于一体的竹产品专业化企业。公司主要生产、销售竹茶具、竹家具、竹工艺品、竹教育装备、竹制装饰品，拥有近百项专利，在市场上极具竞争力。他们还有一个金字招牌：作为"竹茶盘"国家标准的主要起草制定企业，该企业更是中国竹业的龙头标杆。

  时光回溯至2016年，福建品匠茶居科技有限公司宣告成立，蝴蝶工业园区从此多了一家科技感十足的竹企。走进品匠茶空间，跃入眼帘的，是琳琅满目的竹茶具、竹家具、竹工艺品，每一样产品都是高雅品质生活，践行着"低碳、时尚、健康、科技创新"的环保理念。竹和茶的结合展现了茶与竹、茶与器的完美融合。艺术的美感，自然流畅的线条，舒展自如的设计风格，为我打开"竹空间、茶生活"的健康生活方式，这可是文人雅士的最爱啊。

  李启辉董事长得知我为讲好政和乡村振兴故事而来，便热情地坐下来和我一起喝茶聊天。我们的话题从如何带动农民增收、促进乡村振兴展开。李董告诉我，在创业初期，他根本没有那么崇高的理想，只想好好做一个匠人，和一群志同道合的人一起把竹产业做好。他分享了一段往事：早年间因不了解竹材的特性，在政和做好的竹制品，运到东北就全部开裂了。他亲自到东北把开裂的竹制品全烧了，当火烧得噼里啪啦响，只有他自己知道心里有多痛。"竹子是有灵性的，不好驾驭，只有你与竹为友，掌握了竹的秉性，竹子才会听你的话，配合你完成心愿。后来我找到了开裂的原因，提早把水分抽干，问题就解决了。"

  李启辉从小在乡村长大，对长在山里的竹子情有独钟。他说，竹子既清高不俗，又能"和而不同"，与万物共生共荣。竹子被认为是最具精神内涵、用途最为广泛的植物，没有哪一种植物能像竹子一样对人类文明产生如此深远的影响。他在政和乡村里行走，竹子不仅融入了当地人物质和精神生活的方方面面，而且积淀成源远流长的中国竹文化。李启辉解读竹子的文化意涵：四季常青象征着顽强的生命力，空心形态暗合虚怀若谷的君子品格，枝弯而不折体现刚柔并济的处世哲学，生而有节、竹节毕露则是高风亮节的象征，而竹的挺拔洒脱、

聚力"蝶变"
——政和乡村振兴故事

正直清高也是公司的追求。因此,公司取之以竹,用之以竹,以竹产业带动农民发家致富,促进乡村振兴,回馈社会和群众的期待。

这些年来,公司高层率先垂范,以竹代木。李启辉自豪地说,每卖一件竹家具,就少砍一棵树,这是以自己的方式保护绿水青山,倡导绿色生活。公司与镇政府签订了精准扶贫协议,成立了以董事长为组长的扶贫工作小组,一对一精准帮扶;公司党支部与各村党支部联动,优先录用各村推荐的建档立卡贫困户,并通过七项措施确保帮扶到人、落实到位:优先向贫困户收购原材料,优先为贫困户提供就业岗位,免费为贫困职工进行岗前培训,免费为贫困职工提供食宿,为贫困职工子女提供奖学金,为患急重症职工及家属募捐,每逢节日为贫困职工发放慰问金。近年来,公司累计帮助58户贫困户脱贫,其中种植户通过卖毛竹年均收入3万至4万元,到公司就业的贫困户员工人均年收入2万多元,同时贫困户员工每年人均为公司创造产值30万元,实现社会效益、经济效益双赢。

为了公司的可持续发展,公司强化产品研发能力,生产开发核心团队从事竹制品行业20多年,拥有200项专利;公司注重科技创新,加强与国家级科研院所的科技合作力度,与北京林业机械研究院、福建农林大学材料学院、浙江林学院等科研院所建立"产学研"合作关系,新建竹产品研发设计服务平台建设项目,提升产品技术含量,增加产品附加值,年新增竹茶家具产能5000套。

李启辉告诉我,政和县领导班子对推广竹家具倾注了满腔心血。他们认为,政和人不用自家的竹家具,谁用?要让全政和人都动起来,一起推销竹产品。有一天深夜,县委黄拔荣书记来电探讨打造"中国高端竹家具制造之都"的路径,并叮嘱我,要给客人喝上政和白茶,

竹海人家（徐庭盛 摄）

　　喝了政和白茶，用上政和的"茶空间"竹制品，就把政和的两个"金字招牌"推荐出去了。华美达酒店21层客房的竹家具就是县委、县政府的助推成果。李启辉表示："政府那么支持我们，我们有足够的信心把竹家具做到全国第一。"

　　政和县更是以"中国竹具工艺城"为宣传主体，多维度开展宣传推介工作。2021年在福州火车站设置"中国竹具工艺城"动态灯箱广告；2022年厦门"9·8"投洽会，政和县8家企业以中国竹具工艺城的身份参加，签约意向客商十多家；2023年上海第28届中国国际家具展览会，政和县竹木制品商会6家竹木企业参加展会，同150多名贸易买家达成意向性合作，签约客商40多家；2024年1月中国（武夷山）竹业博览会，15家企业参展，签约客商30多

品匠家居（李启辉 供图）

家；2024年3月马来西亚吉隆坡第17届国际出口家具展览会，12家竹木企业参展，同100多名贸易买家达成意向性合作，签约客商20多家；2024年7月首届"以竹代塑"竹产业大会，4家企业参展；2024年11月第二届世界林木业大会，政和作为福建代表携5家企业参展，获得多个奖项。2016年至今，连续举办七届"政和杯"国际竹产品设计大赛，累计征集设计作品14966件，评选获奖作品164件。

政和以福建品匠茶居科技有限公司为代表的"茶空间·竹生活"建设为切入点，持续推动竹居城市建设，重点布局推广"武夷山水·茶空间"，打造办公、会议、酒店等十大全竹空间应用场景；

在福州华林路建设1000平方米"茶竹大观园",展示政和茶文化、竹工艺,体验竹空间、茶生活。目前,全县已销售全竹茶空间8300多套,产品畅销海内外。

如今,政和乡村振兴的故事仍在续写,未来将持续围绕"中国竹具工艺城"品牌建设,强化竹产业智创服务平台,夯实产业基础,推进竹产业一二三产融合发展,构建高附加值全竹产业链,打造全国乃至国际有影响力和知名度的竹具研发设计中心、制造中心、集散中心,奋力建设闽浙边现代化生态新城。

梦虽遥,追则达;愿虽艰,持则圆。品匠精神,生生不息。

聚力"蝶变"
——政和乡村振兴故事

稻香村里白茶香

◎ 景艳

一个茶场，为什么要取名"稻香"？一款白茶，为什么会得名"奶香"？在寻找答案的过程中，一个建于1958年的国营茶场和一个21世纪私营茶企的联结似管中窥豹，不仅让我看到了政和深厚的茶文化传承基因，也让我看到了作为政和重要民生产业的茶产业，在当代乡村振兴战略中焕发出的蓬勃生机。在科技引领、龙头带动之下，素淡的白茶被激发出盈怀馨香。

一

白茶，出了名的香淡味浅。国家地理标志产品所列的特级、一级白茶香标准不过是"清纯、鲜爽、毫香显"这类笼统抽象的用词。茶本无酒类香型之分，但标注"浓香型"的奶香白茶所泡的茶汤，却颠覆了我的传统认知。

"制茶一定要讲科学，否则就走不远。茶叶本身就含有芳香醇、氨基酸、茶氨酸等，这些成分本身就有香气，在不同环境下可以产生不同的香味。"看上去不苟言笑的瑞茗茶业董事长余步贵说起茶如数家珍。看出了我对添加剂的忧虑，他解释说，所谓的奶香茶不是发酵茶、调味茶、花草茶，完全是靠稳定的加工工艺，激发出天然白茶原叶中自带的原香，不含添加剂。他和他的伙伴通过约两年的时间，对白茶内含成分进行分析、对比，调整加工工艺参数，使产品具备了稳定品质，奶香白茶及其制作工艺获得了国家知识产权局2021年发明专利。自行研发的自然与仿生一体化智能萎凋机，可以全程模拟晴好天气。科技的发展让靠天吃饭的茶业有了"逆天改命"的可能。

茶企陈列室中满是专利证书、奖状和茶业标准公示，小小的茶叶背靠的是科技大树的支撑。由"科班"茶学系人员及经验丰富的生产一线技术骨干组成的研发团队，"政和白茶研究基地""科技特派员示范基地""茶产业链科技创新与服务体系建设示范基地"等创新科技平台，结合科研院所的人才共享，龙头企业的创新研发如日初升。余步贵说，白茶的香不只奶香，还有蜜香、果香，甚至可以精确到苹果香、栗子香、粽叶香……开发白茶之香，就是要让喝茶群体中的每一个人都能找到适合自己饮用的一款白茶。

二

说起政和白茶发展，不能不提到曾经的国营稻香茶场。这个茶场曾在推动政和茶树栽培、加工技术推广、品种引进以及茶叶进出口贸易中发挥积极作用，对政和茶产业发展具有示范引领的意义。现今的政和瑞茗茶业园区内仍留存着"稻香茶坊茶叶初制厂"的镌刻牌，牌子上方有一枚五角星。

聚力"蝶变"
—— 政和乡村振兴故事

"稻香茶场茶叶初制厂"厂标（徐庭盛 摄）

  由于茶场改制，为适应进出口贸易之需，政和县稻香茶叶有限公司与福建茶叶进出口公司于2007年合资成立福建政和瑞茗茶业有限公司。现任瑞茗茶业有限公司董事长余步贵原本是国营政和稻香茶场的一员。1986年初中毕业进茶场当学徒，6年后成为正式员工，从普通技术员到茶叶加工厂的副厂长、厂长，这段人生履历给予他的不只是历练。他记得那些言传身教的师傅、专家和领导，记得在艰困环境之下不曾放弃的科学严谨的标准要求。那印着"原稻香1958国营茶厂"的木质茶垫，那以"稻香"命名的茶叶品类，处处可见"老稻香"的印迹。情结？情怀？余步贵说，他希望人们不要忘记曾经的稻香茶场，更希望能够延续老一代稻香茶人的制茶精神和理念。那些白手起家的开拓精神、持之以恒的实干精神和百折不挠、追求卓越的创新精神是宝贵的企业文化。

从一家一户种茶、一家一户做茶到系统化种植、规范化管理与加工生产环节，打通产销链路，一个国营茶场激活了乡村共同体的记忆与认同。有人好奇，当年的国营茶场为何以"稻香"为名？有地处稻香村的原因，也不乏时代的因素。从那个年代过来的老人不会忘记，1958年是全国农业发展纲要目标的"始跃期"，是"农垦五八"水稻在中国南方的推进期。历史的经验与教训告诉人们，不管哪个年代，都不能忽视科技的力量和求真务实的探索。时代车轮的飞速运转，让曾经一枝独秀的"稻香"绽放出了满园春色。

三

在政和，许多茶业公司虽然没有瑞茗茶业这样的历史传承，但也在不断的开拓实践中焕发出自己的独特魅力。"公司+合作社+农户""公司+合作社+基地+农户"等运营模式下，一家企业和几个合作社，就可以辐射几千农户。政和现有近11万亩茶山，七八万人从事与茶叶相关的工作。龙头企业通过科技特派员进驻、培训游学、院校师生试验实习、接受人社部门的委托进行茶叶加工证照考试，带动了乡村茶业技术含量的提升。

余步贵认为企业不能单打独斗，应该强强联手，把政和白茶的品牌做大做强，才能带动实现农户可持续的稳定增收。龙头企业对社会的贡献是多方面的，除了先进理念的带动，助力乡村振兴、村民增收，还有引流的作用，包括让空心化的乡村重新丰满起来。对此，政和县农业农村局的陈祥楒说，当地的农民最有话语权。

翠溪村位于白水洋上游，是北苑贡茶、政和白茶的主产区之一。由于地理位置偏僻、交通不便，许多年轻人都选择了外出打工。年届半百的张丽英笑着告诉我，她原本也是外出打工潮中的一员，现在回流成了一名在家门口挣钱的"年轻人"："村支部书记把后门山一片荒山茶树包给大家采摘，等于是给我们村民发的一项红利。大家自愿自主，多劳多得，有收入还可以照顾老人。连70多岁的老人都愿意上山做事，一年也能增加大几千到2万元左右的收入。这种利民的好方案，村民都支持。"张丽英说，按照合作社有机茶的标准要求，茶树不施肥打药，只用黏虫贴。提采不要黑头、老叶，茶园实行轮采，大家都成了熟练工。

在茶基地从事管理工作的叶华康负责将翠溪村采摘的鲜茶送到杨源的德宝生态茶业有限公司加工："茶山到村里的路很陡，不好走。茶采下来要人工挑到家里，家里没有加工厂，春季连下几天雨，来不及采摘加工，茶叶就老了。基地有设备，处理的量大，茶叶变现快。茶工采摘一天就可以挣个两三百元，一年就可以多收入两三万元。"他们期待那条通向茶山的致富路更早地修起来。

四

农民增收当然是乡村振兴的重要标志，但是，让农民走出依靠

稻香村里白茶香

瑞茗茶业有限公司全景（余长青 摄）

简单劳动提供原料来增加收入的初级圈层，发掘乡村振兴中内生动力和自我发展能力的核心力量是乡村振兴中更为重要的一环。今天的政和，不仅仅有昔日辉煌存留的精神财富，还有不断创造的新成就丰富着当地的文化内涵。一方面是开茶节、藏茶节、斗茶赛、茶竹展示空间等地方文化IP与白茶宴、新娘茶、茶灯戏等茶民俗组合重建代际间的文化纽带；另一方面是中国白茶大会、政和白茶发展论坛及经销商年度大会等，将企业、行业的发展和农民的增收、乡村的规划、城镇的发展乃至世界贸易的平台联系起来，让千年茶文化的传承更为多元。乡村振兴的起点在乡村，舞台在世界。

细数刚刚过去的2024年，政和荣获了中国茶叶流通协会颁发的年度白茶重点产区、茶叶新质生产力研发基地等称号，获评中国茶业百强县域，排名第25位；政和白茶入选全国首批地理标志保护工程，连续4年位列地理标志产品区域品牌百强榜单，品牌价值达到61.18亿元。品牌连接市场，业兴而民富。

  白茶与乡村振兴的故事，本质是传统与现代的对话、手艺与科技的衔接、生存与生活的统一。当一片绿叶在时代揉捻机的滚动中激发出至味之香的时候，人们感受到的不仅仅是一个产业的崛起，还有人与自然契合相生的文明延续。一叶白茶的旅程，蕴含着乡村探索的努力。喔品着"稻香1958"，不知缘何，想起了辛弃疾那首有名的《西江月·夜行黄沙道中》："稻花香里说丰年，听取蛙声一片。"此时，没有稻花，却有茶香，弥远益清。

食在东平

◎陆永建

前不久,几位闽北老乡在一起小聚,厨师专门给我们安排了"政和文公宴",大家一边吃着又咸又辣的"四书集注"(菜名,即将香菇、蕨菜、冬笋、毛芋煮熟晾干,加入红酒、辣椒等腌制而成),一边喝着政和东平高粱,浓郁的口感,让人身心俱暖。席间,一位老友谈起他的家乡政和,当聊到东平古镇乡村振兴的故事时,那悠悠岁月和袅袅升起的炊烟,让在座的每个人都充满了对那片土地的向往。

此次,我随福建省乡村振兴研究会一行到政和采风,探寻这片古老土地上孕育出的崭新希望。当汽车驶入东平镇,眼前景象令人喜悦:金峰山麓的梯田层叠如浪,农民正在捆扎秸秆,准备加工成饲草料,田野里的工作场景宛如一幅丰收的画卷。在东平镇党委副书记吴妙垚和副镇长许树星的陪同下,我们即刻来到东平高粱酿造有限公司,与全国劳模张步瑞等进行座谈。这是一家有着一定历史底蕴的老酒厂,墙上的"国家地理标志保护产品""省级非遗技艺传承基地""全国守合同、重信用企业",以及福建省第一批"党员诚信示范企业"等牌匾熠熠生辉。2003年改制时,张步瑞带着一众下岗职工,怀揣希望与执着,重启酒厂,让东平高粱再次飘香。企业获批白酒生产许可证,与福建省轻工研究所、福建农林大学食品系等科研部门合作研发出清香型、浓香型、酱香型三大系列60多款品种,并通过国家质量体系认证,酒质达到"汾酒""五粮液"等国酒标准。先后获评省著名商标、省名牌产品、省老字号产品、省级龙头企业等。公司产品采用"一曲二水三功夫"纯粮固态发酵工艺酿造,以高粱、玉米、小麦、大米、糯米和富含多种微量元素的金峰山矿泉水为原料,传承千年酒文化酿造技艺,酒质纯正柔和、清香四溢,素有"南有金门高粱、北有东平高粱"之美誉。"一曲二水三功夫"的纯粮固态发酵工艺获评省级非物质文化遗产。产品覆盖北京、天津、上海、浙江、江苏、广州等全国十多个省市。2000—2013年,东平高粱连续被评为湘、鄂、赣、桂、渝、闽"五省一市"金质奖,"消费者喜爱品牌"产品,"5·18"国际旅游洽谈会指定专用白酒。公司现有员工200多人,专业技术人员30多人,年产量600吨,产值2275万元。目前,企业正在实施东平高粱酿造旅游观光产业园建设项目,总投资3亿多元,占地54.4亩,今年完成一期建设。扩建后,预计年产值可提升至1.25亿元,产能达3000吨。

离开东平高粱酿造有限公司,我们又来到东平老窖有限公司,在厂区负责人叶章福的带领下,走访了相关车间和厂房,并与技术部相关人员座谈。叶章福告诉我们,该厂前身是1958年的政和县东平酿酒厂,1999年改制后,实行现代企业管理制度,具有"福建老字号""八闽第一窖"美誉,现有员工300多人。企业先后获评省优质白酒、福建省名牌产品、省百家"文明守法、诚信经营"企业等荣誉。连续多次获"湘、鄂、赣、渝、闽白酒行业优质产品金奖"。公

政和山珍糕（李福礼 摄）

司产品分6个系列50多个品种，销往北京、天津、广州、上海、江苏、浙江、福建等十多个省市。近年来，公司积极引进先进生产工艺线，不断招募专业人才，将传统工艺和现代酿造科学技术相结合，不断创新精良酿造工艺技术，采用泥窖固态发酵长期窖藏新工艺，使用以高粱为主、适当糯米和玉米配比的酿酒原料成分，配以金峰山优质矿泉水，口感甘纯，含丰富的锂、锶、锌、钴等18种对人体必需的有益元素。历经108道酿造工序，酒体中各种香味更和谐、微量成分更协调，口感柔和、窖香纯正，具有"柔、和、净、爽"的独特风格。2024年公司产量500多吨，产值2000多万元。

如果说东平高粱和东平老窖的酒业振兴彰显着东平镇的产业锐气，那么古镇的美食传承则铺陈出文化赋能的锦绣画卷。在"东平小

聚力"蝶变"
——政和乡村振兴故事

东平四宝：小胳、扁肉、光饼、胰子（陈童芬 摄）

胳"非遗工坊，传承人毛国兰正指导学徒制作这道曾登上《舌尖上的中国》的珍馐。令人惊叹的是，这道起源于宋代的宫廷点心，如今已成为乡村振兴的"金钥匙"。镇政府将其制作标准化并纳入"村村有绝活"工程，开发出速冻小胳、伴手礼盒等衍生产品，墙上"小胳撬动大产业"的标语格外醒目。

中午时分，我们在东平镇所在地的一个农家饭馆，品尝了著名的东平美食——小胳。夹起一片放入口中，软糯爽滑的口感瞬间在舌尖绽放，肉香、豆香、蛋香与清甜滋味交织缠绵，油而不腻，清香甘甜，每一口都是满满的享受，仿佛将东平的山水风光、古镇的悠悠岁月，一同吞纳入腹，化为心底最温暖的眷恋。还有肉胰子，也是东平镇一绝。新鲜猪腿取纯瘦肉，去筋膜、剁碎，人工捶打成细腻的肉泥，加入调料，捏成条状，沸水煮熟，入口脆嫩纯正，肉香在齿间弥漫。此外还有红菇、松菇、冬笋、蕨菜等山珍。东平镇的这方山水，恰似大自然精心雕琢的餐桌，为这片土地源源不断地呈上珍馐。最后，两位镇领导还热情地推荐品尝一小碗东平扁肉。该扁肉皮薄如宣纸，肉馅新鲜粉嫩，轻咬一口，皮子爽滑，香气四溢。一碗下肚，暖了胃，更暖了心。吴妙垚告诉我们：东平小胳现已走进政和景区里的 11 家商铺，东平扁肉遍布政和各大餐馆……如果"舌尖上的产业"串珠成链，将构建起东平"美食经济带"，成为政和乡村振兴的新名片。

走出饭馆，我们漫步在东平镇的街巷，走到十字巷时，仿佛跨进了旧时光的门槛。一同到政和采风的松溪县文联主席郭义清告诉我："我从小就生长在这儿，沿路所见都感到十分亲切。"巷子斑驳的古墙，蜿蜒的石板路，街边错落的商铺，处处散发着古韵，传递着古镇的温情，延续着千年的民俗，宛如置身于一幅烟火人间的画卷，交织成一曲诱人的美食乐章。在东平，山水与美食从未分离，人们遵循着自然的时令，采集山林的馈赠，用巧手与真心，将这些食材化作餐桌上的佳肴，享受着山水间的美味盛宴，每一口都是山林与烟火的完美邂逅，都是与大自然最亲密的拥抱。

当我踏上返程，车窗外的东平山水渐行渐远，可心底的眷恋却依旧如初。政和美食，食在东平，绝非仅是舌尖的一时欢愉，它镌刻着岁月的沧桑变迁，承载着地域的人文风情，如今正以美酒为媒、美食作笺，书写着新时代的乡村振兴。当非遗技艺遇见数字经济，当农耕文明拥抱现代管理，乡村振兴的东平答卷告诉我们：最动人的发展，永远是让文化在传承中创新，让乡愁在发展中永驻。

山高水长，云上花开

◎ 宋毓宁

在闽北的层峦叠嶂间，海拔千米之上的何山村，如同被云雾浸润的翡翠，镶嵌在政和县镇前镇的怀抱中。群山是脊梁，溪涧是血脉，云海是霓裳。当黎明的霞光穿透云海，沉睡的山谷便苏醒成流动的水墨：黛色山脊蜿蜒如龙，梯田茶垄次第铺展，晨雾在竹海间织就银绡。这座与牛头山对望的村庄，正以乡村振兴为笔，在青绿底色上书写着古老与现代交融的诗行。

何山村坐落在群山环抱之中，周边与湘源村、镇前村、下庄村等相邻，村域面积4.88平方千米，平均海拔1100米，毗邻洞宫山和佛子山国家级风景区，是政和县红色老区村、重点小型水库移民安置村。村落避暑环境优越，拥有富硒生态茶园、高山平湖、高山湿地、绣球花基地、茶盐古道、仙鼎山、石鼓山、浆侵入岩等地质遗迹的生态旅游潜力景区，何山水库总面积300亩、总库容247万立方米，以其平均1075米的海拔高程，成为华东地区海拔最高的水库。何山村在1974年以前隶属于湘源村管辖，1975年改为镇前镇直管的何山综合场，1999年正式设立行政村并成立村民委员会。

因五代十国时期何姓人家迁入，且村落面朝牛头山，故得名"何山"。何山村旧址位于水库库区内，移民后形成坑里、富坂、三种角、坝下4个自然村，现有户籍人口共108户431人。何山村2023年获得"全国生态文化村"的殊荣，标志着这个曾经偏远的山村，已然成为新时代乡村振兴的立体样本。

林海苍茫：绿色血脉的千年传承

山风掠过林梢的刹那，整座村庄都沉浸在松涛竹韵里。87%的森林覆盖率不是数字，而是漫山遍野的绿意流淌——2420亩生态林如卫士列阵，360亩毛竹林摇曳生姿，油茶林间跳跃着松鼠的剪影。老支书吴代青抚摩着村口的百年红豆杉，树皮的褶皱里藏着半个世纪的守望："当年建水库迁了四个自然村，唯独这片林子没动过斧头。"

林长制的推行让守护有了新章法。党员先锋队每月初九的巡山已成仪式，竹杖叩击青石的声音惊起白鹇振翅。2024年春分，全村老幼在废弃矿坑栽下3000株杜鹃，孩子们用红丝带系住幼苗，说是给大山系上蝴蝶结。如今监测站的红外相机里，黑麂饮水、白颈长尾雉梳羽的画面，成了村民最骄傲的"生态相册"。

何山水库如天神遗落的明镜，倒映着云影天光。两座翡翠般的岛屿浮于碧波，青石岛嶙峋如卧虎，棋盘岛平坦似玉枰。最动人的是每年立夏前后，万千桃花水母在澄澈的湖水中起舞，这些挑剔的水质考官，正是生态治理最好的勋章。桃花水母活动方式独特，通过伸展和收缩触手来行进。它们在水中轻盈飘动，如同舞者在舞台上翩翩起舞。游客观察桃花水母的变化，仿佛置身于一个神秘的梦

境中。这个有6.5亿年历史的活化石,极具研究价值,与政和境内发现的1.5亿年的"奇异福建龙"及超亿年的"政和八闽鸟"共同形成世界级考古胜境。

"20年前这里漂着塑料袋,现在能看见5米深的鹅卵石。"老渔民老何轻点竹篙,惊起涟漪中的鳜鱼。岸边垂钓长廊的木桩上,刻着历年水质监测数据:从Ⅲ类到稳定Ⅰ类,数字的跃升里藏着污水处

镇前镇何山村（许荣华 摄）

理站的轰鸣，藏着村民自发清理河道的身影，藏着"以鱼养水"生态链的智慧。

茶香云霭：富硒土地的苏醒密码

晨雾未散时，采茶女的头巾已点缀在千米茶山上。这里的荒野白

109

茶不同寻常——茶树与杜鹃共生，根系深扎富硒红壤，晨露里沁着松脂香。老茶农吴启明摊开竹筛，银毫在日光下舒展："机器做的茶是商品，炭火焙的茶才有灵魂。"

山腰的生态茶厂里，传统与科技正在对话。智能萎凋房保留着"七分晒三分焙"的古法，质检室的色谱仪却在解析着硒元素的奥秘。2024年"何山白茶"拿下地理标志认证时，在外打工的年轻人回来了几个，他们用手机直播云雾采茶的场景，让山野气息顺着光纤涌向都市。

当夕阳为库区镶上金边，天池民宿群的灯火便次第点亮。夯土墙保留着移民老屋的温度，星空露台却探向银河。老板娘叶淑芳端出炭火慢煨的湖鲜锅："城里人来这不只为避暑，是想找找'从前慢'的滋味。"她指着墙上的老照片，那是1975年村民肩挑背扛建水库的场景，如今化作了民宿文化墙的底色。

千亩杜鹃谷的规划正在改变山野的妆容。工程队队长老张在观景台工地比画："来年春天，这里能同时看见佛子山的雪和脚下的花海。"工人们用钢架勾勒出"云中虹桥"的轮廓，却小心避让着每一丛杜鹃。他们知道，乡村振兴不是征服自然，而是让花开的声音更清亮。

云上花开：薪火相传的山乡答卷

驻村书记何建刚的摩托车车辙，印满了7.8公里盘山公路。这个从省城机关里走来的年轻人，带着村民在废弃茶厂搞起绣球花育苗，让高山蔬菜坐着冷链车直达沪上超市。

仙鼎山上新落成了360度的观景台。山下民宿的灯火如地上星河，水库波光映着弦月，晚风送来隐约的《采茶谣》。这歌声飘过五代迁徙的烽烟，飘过水库建设的号子，此刻正在直播间里流淌。乡村振兴从来都不是推倒重来，而是让古老的土地长出现代的新芽——就像石缝里的野茶树，在云雾滋养中舒展银毫。

山风骤起，吹散漫天云霭。北斗星垂在黛色山脊之上，仿佛为追梦人点亮的航标。我知道，当晨曦再次染红仙鼎山时，竹海深处的春笋即将破土，茶垄间的露珠将折射七彩光谱，而那千亩杜鹃的蓓蕾，已在悄悄积蓄绽放的力量。在这海拔千米的云上村落，每一次日出都是新的序章。

山高，高不过攀登者的足迹；水长，长不过振兴的征途。何山村的振兴史印证着深刻的发展哲学：最厚重的历史沉淀，往往能孕育出最璀璨的未来图景；最用心的生态守护，终将收获最丰厚的自然馈赠。在这里，乡村振兴不是简单的物质堆砌，而是人与自然深层共鸣的文明觉醒，是古老智慧与现代理念交融的生动实践，更是万千农民在时代大潮中奏响的奋进交响曲。

站在新起点，何山村锚定"两山理论实践高地"目标：未来3年将建设高山植物基因库，打造生物多样性研学基地；推进"零碳乡村"试点，建设光伏步道和生态停车场；深化"艺术乡建"，吸引艺术家工作室入驻。升级建设高层次乡村游，让游客增加至每年10万人以上。这个昔日的偏远山村，正以生态文明引领乡村振兴，在千米海拔之上书写着中国式现代化的鲜活注脚。

我曾多次到访这片神奇的土地。此次行程已近尾声，走出村部，夜幕已经降临，村里的灯光次第亮起，将整个村庄装点得如同繁星点点。站在老屋前,望着这片熟悉的山水,我突然明白,乡村振兴不是要改变什么,而是要找到一种方式,让这片山水焕发新的生机,让这里的人们过上更好的生活。我心中涌起前所未有的自豪和期待。这片土地,曾经是那么贫瘠和落后,如今却在乡村振兴的春风中焕发出勃勃生机。

山还是那座山,水还是那片水,但它们已经不再是阻碍发展的障碍,而是承载希望的沃土。在这里,传统与现代交融,自然与人文共生,谱写着一曲乡村振兴的动人乐章。

夜渐渐浓了起来,山风轻轻吹过,带来远处水库的潺潺水声。这声音,像是大地的呼吸,又像是岁月的絮语,诉说着这片土地上的故事,也预示着更加美好的未来。

打通"沉睡"资源的"变现"渠道
——从政和生态银行的几个故事说起

◎陈元邦

一个冬日的下午,我站在山顶上,极目远望,重峦叠嶂,青山滴翠,鸟鸣啁啾。近处的一片新的林地,小树在寒风中摇曳,生机盎然。随我同去的林业部门的同志告诉我,这片林子是2023年砍伐后,县林业国有企业采取"森林生态银行"的模式种植的。现在这些小树已经成活,长出了新绿。下山之后,我们又去了坐落在城边山脚下的格绿木业公司,这是一家专门从事家具生产的工厂,而且许多家具都是毛竹加工的。我与公司负责同志聊着天,说到了"森林生态银行",他告诉我,公司在乡村也借鉴"森林生态银行"模式种植了一片林子。他说,这种模式好,既解决了林地抛荒无人种的问题,又能够通过林子的参股保证农民的收益,同时还能解决企业的用材需求。

如今的人们,离不开与银行打交道。银行那是一个金融机构,它是商品货币经济发展到一定阶段的产物。而"森林生态银行"冠以"银行"之名,让我不断地从银行这个概念中去想象、去琢磨"生态银行"。随行的同志笑着告诉我:"生态银行"并非真的银行,而

是南平市在践行"两山"理论过程中的创新举措。"森林生态银行"主要借鉴银行的做法，采取"分散式输入、规模化整合、专业化经营、持续性变现"的模式，搭建资源开发运营管理平台，将分散、零碎的林业资源规模化、集约化整合，由国有林场等专业队伍运营增值，实现森林增绿、林农增收、集体增财的多方共赢。他说，"森林生态银行"机制的应运而生，为政和乡村振兴注入了活力，为绿水青山向金

岭腰乐溪鸳鸯（徐庭盛 摄）

山银山的转变找到了一条实现路径。

那天夜里，我与县林业局的同志坐在一块喝茶，听他们给我讲述"森林生态银行"的故事。

故事一："东至以山脊为界，南至山顶。""这里套种枫香、酸枣，这里栽植杜鹃、日本樱花，这里营造杉阔混交林。"……这是县振林公司工作人员与村党支部书记吴代青在山场商讨界线和分区经营事宜

聚力"蝶变"
——政和乡村振兴故事

的一幕。

前不久,县振林公司通过村级森林资源运营平台整合、流转了镇前镇何山村507亩的采伐基地,通过"森林生态银行"股份合作模式开展专业化经营管理。"我们规划在森林生态银行合作造林的基础上,因地制宜、分区经营,套种花化彩化树种,打造针阔混交林,兼顾经济、生态效益。"县振林公司对山场的经营有了初步的规划,"要科学地将股份合作山场与当地旅游项目相融合,发展森林康养旅游产业,实现经济效益与生态效益的双赢。"眼下,总投资约3000万元的高山森林康养旅游项目规划建设正紧锣密鼓地推进着。项目依托"森林生态银行"合作造林山场的资源优势,着力打造集观光、休闲、康养于一体的综合性旅游目的地,有望成为新的"网红打卡点",实现资源的综合利用。

故事二:2024年11月28日,县里举行"森林生态银行"股份合作集体签约暨岭腰乡岭腰村股份合作预分红活动。梅坡村、岭腰村、何山村等村级平台同县振林公司签订了"森林生态银行"股份合作经营协议。

在签约仪式上,最令人振奋的是振林竹木公司向岭腰村后山小组村民发放合作山场2024年至2026年度预分红资金。2023年以来,岭腰村全面整合林地资源,引导村小组将330亩林地"存入"村级森林资源运营平台,村级平台与"森林生态银行"签订协议,交由县振林公司统一经营管理。合作山场按每亩每年35元标准进行预分红,待林木主伐时,活立木招标价格扣除设计成本所得利润,按约定比例进行二次分成。

岭腰村村民吴必兴拿到分红款后喜笑颜开,高兴地说:"我年纪大了，无力管理山场，孩子又常年在外务工，现在与森林生态银行合作，山场得以有效经营，我们每年能获得预分红收益，林木采伐时还有分成。"

故事三：政和县产茶历史悠久，因白茶而被御赐县名。政和茶园面积 11 万亩，年产量 1.5 万吨。这些年，县里把发展白茶作为乡村振兴的一个重要支柱产业，中国白茶城落地政和。但是茶园分散，难以集中进行土壤、品种、基础设施的有效提升，茶农分散，难以有效形成绿色防控监管；茶企分散，难以组成合力做大做强。这些成了政和白茶发展的瓶颈。

依托"白茶生态银行"破解白茶产业发展瓶颈，县里搭建白茶产业发展有限责任公司这一运营平台，引入社会资本，推动全产业链升级，打出了突破瓶颈的"三张牌"：将白茶进行集中经营管理，采取了一些行之有效的路数：对全县茶山进行摸底，形成白茶产业资源"一张图"；通过购买、租赁、入股等形式，有序推进茶山规范化收储；对收储的茶山进行高标准茶园体系建设，并建立安全溯源体系。在实现茶产业绿色发展的同时，鼓励村集体参与茶山流转，按每亩每年额外给予 50 元奖励纳入村集体收入，以此壮大村集体增收渠道。加大金融运作，创新"茶山贷""仓单质押政和白茶贷"等金融产品，有效降低融资成本。依托政和白茶发展优势，联动开发农田、林地、古厝等资源，推动全县生态资源一体化运营。

"生态银行"，不仅破解了政和白茶的发展瓶颈，绽放出勃勃生机，还借助优势带动了乡村文旅的发展，催生出一批观光茶园。

在政和，类似于"森林生态银行""白茶生态银行"的生态银行还有很多，如"竹林生态银行"。借鉴"森林生态银行"机制的做法，

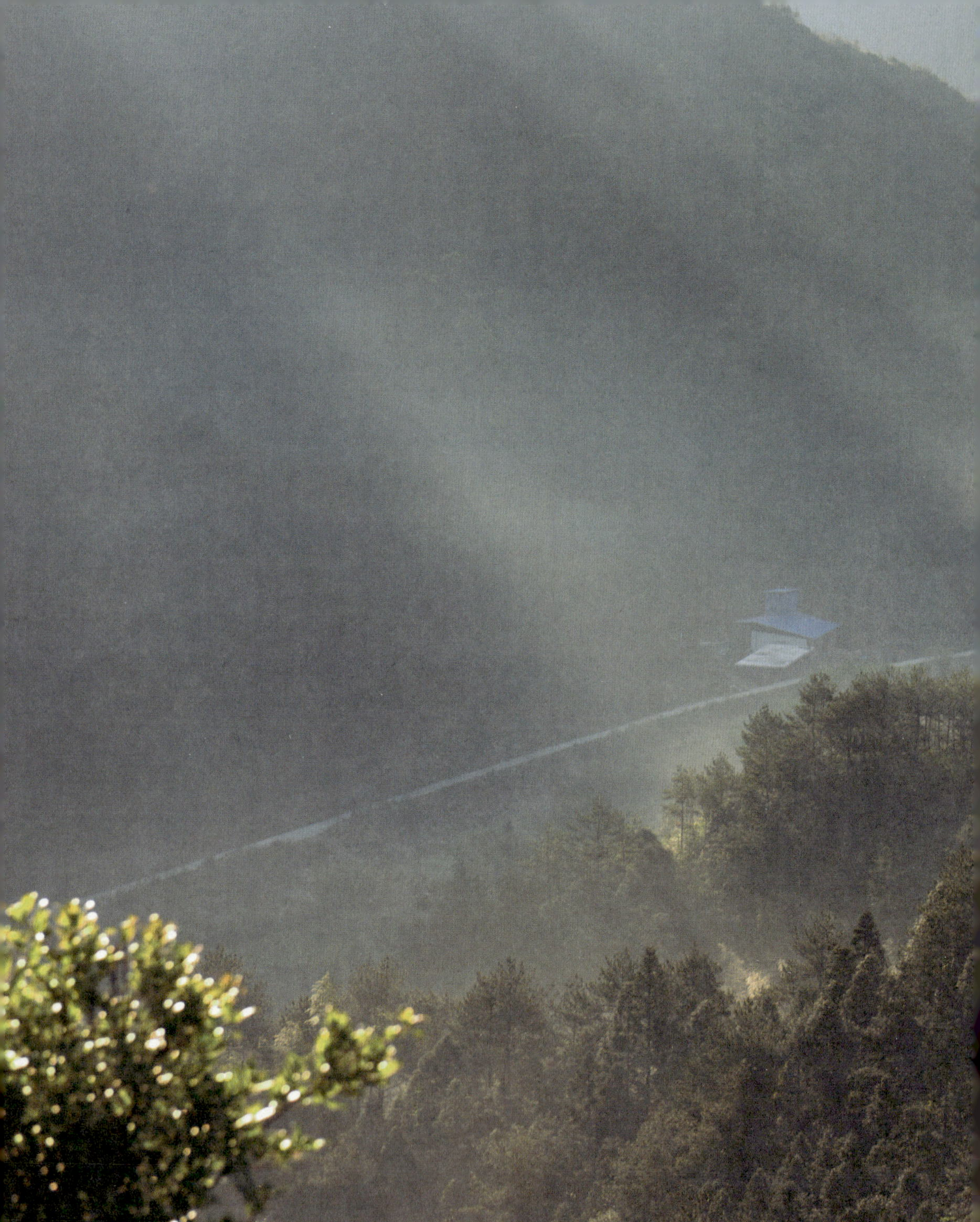

晨曦中的森林（余长青 摄）

聚力"蝶变"
——政和乡村振兴故事

多彩香炉尖(徐庭盛 摄)

整合分散的竹林资源,探索开展"竹林生态银行"合作经营……

县林业局的负责同志深有感触地说,通过"森林生态银行"模式,有效解决了林农造林资金不足、管理粗放等问题,进一步盘活"绿色不动产",让林农共享"幸福提款机",提升林业发展整体效益。谈及未来,他充满信心地告诉我:要持续加大宣传力度,以点带面,全力推进"森林生态银行",在扩面、提质、增效三个方面下功夫,让绿水青山真正变成金山银山。在他的言语中,我的眼前又浮现出白天见到的一幅幅青山绿水图，老百姓脸上洋溢的一张张笑容。

那夜，我久久不能入睡，"生态银行"这着棋发端于南平市，政和却将其下出了特色：打通"沉睡"资源的"变现"渠道，它在绿水青山与金山银山之间找到了一个契合点，探寻到一条转换路径。我也反复琢磨"银行"二字，它融银行与股份的功能于一体，农民将林地存入村中的账户（平台），如同百姓存款般获得利息（预分红），存款再由平台交给经营公司运营，恰似贷款模式，经营公司需向客户逐年付息（分红）。老百姓从这一机制中获利，经营公司也发挥了规模化、集约化、专业化的经营优势，实现分散的林业资源的高效整合与有效利用。

"生态银行"既借政府的"有形之手"，又用市场的"无形之手"，推动林农、村集体、林场、社会、政府五方共赢。我觉得，这着棋，堪称妙棋。

聚力"蝶变"
——政和乡村振兴故事

星水朝霞

◎陈明贵

1998年6月22日，持续一周的暴雨，终于化作千万匹脱缰狂奔的烈马，堤岸掀起丈高浪头，致使村庄被淹没，人员伤亡、失踪，经济损失更是不计其数。县委、县政府先后召开8次紧急会议组织全县抗洪救灾，万条编织袋，数千抗灾干部，千辆次车辆，百吨救灾物资冲向灾区……

这是曾经"十有九灾"的政和洪灾来临的一个真实写照。

政和因天然地貌陡峭，山峦重叠，河流密布，河床比降大，河短湍急，水量丰沛，易涨易落，洪枯多变。虽有一条蜿蜒流淌的母亲河——七星溪，犹如一条碧绿的丝带，曲曲折折穿梭于崇山峻岭间，孕育着这里一代又一代子民，但她并非始终温柔慈祥。山洪来袭时，让政和无须远观黄河壶口瀑布；村庄淹没时，让政和不必向往大海景观。沿河群众每逢汛期则谈水色变。县乡村干部主要将精力用于抗洪救灾，严重制约经济发展的脚步。

史载，政和在中华人民共和国成立前有50多次洪灾，在中华人民共和国成立后至2005年有20多次洪灾。因此，根治水患成为政和人民的殷切期盼和世代夙愿。从此，政和县委、县政府一任接一任带领人民行进在治水征程上。中华人民共和国成立半个多世纪以来，谱写了一篇篇治水华章，绘就了星溪落天向西流、百里浪花又春秋的人与水和谐相处的新画卷，有力助推了乡村振兴。

一

中华人民共和国成立至改革开放初期的20年，政和陆续新建了一大批高标准的水利工程，在"以粮为纲"的年代发挥了举足轻重的作用。兴建洞宫、九层际、下榾洋、蟹桥、何坑等重点水库工程，实施长达14年的"闽江上游千里江堤"建溪流域城防工程。

21世纪以来，以七星溪水系为主线，全面完成"福建省万里安全生态水系"城区段工程，显著提升城区堤防能力。

星移斗转，历史车轮驶入2012年。党的十八大后，实行工程治水、生态治水、智慧治水"三水"同治。党的二十大后，全面提升以星溪河为主轴的河流堤防水准。实施50项水利重大项目，吹响新时代"工程治水"集结号，全力推进"闽江上游建溪流域防洪工程"政和段6期防洪工程，现已通过5期验收。第6期工程将于2024年下半年开工，竣工后将保障平原区4个行政村大片农田和5000人的生命财产安全，为乡村振兴奠定坚实基础。其间投资数亿元资金，对七星溪、梅龙溪、蛟龙溪、龙潭溪、界溪、乐溪、当溪、俊溪、大溪和平溪等河段实施综合治理。

"群众配合是治水工程的关键。"水利局副局长杨李雄如是说。他在介绍山洪沟治理项目之一的俊溪段征地时提到，该段溪边有村民

聚力"蝶变"
——政和乡村振兴故事

整治后的七星溪上游外屯河段（陈昌村 摄）

种小径竹和蔬菜，少数村民只重眼前利益。水利部门和乡村干部多次走访劝说，阐明"公家投巨资、村民失小利，眼前少收益、长远保平安"的道理，工程竣工后可保护澄源、上洋、前山、富垄、路下5个行政村沿河主要水田免受洪害。最终村民不仅主动清除农作物，更无偿退让用地，有力推进了工程进度。

水利局副局长陈松贵介绍，2005年开辟宝岭水库第二水源，实现城区供水全面化，水质合格化。2016年，强化宝岭水库水源林地和库区管理，进一步提高供水品质。2024年，新开辟杨梅林水库，现按序时推进。该项目征地时，水利部门会同乡村干部，晓之以理、动之以情地耐心劝导，群众最终意识到"小家让一点田，大家喝水更甜"的道理。饮水安全关乎全民健康，更是乡村振兴的基础保障。

如今，工程治水铸就安全屏障。一条河水向西流的七星溪，流经100多个村，洪来排得快，洪去水潺潺。同时，又是惠民之水，七星溪依旧滋润着50万亩良田，滋养10万子民。在控制洪水不成灾的前提下尽量利用堤防、水库、拦河坝、人工湖等防洪蓄水工程，适当拦蓄洪水，延长洪水滞留时间，恢复河流生态环境，尽可能补充地下水，增加蓄水，缓解旱情，最大限度发挥防洪工程整体效益，从被动抢防向控制洪水、管理洪水转变，促进全县发展和乡村振兴。

二

改革开放春风加速政和发展，与此同时，水域源头植被和生活生产排污使七星溪等河流的生态面临严峻挑战。因此，政和借鉴24字的"长汀经验"，实行示范点治理和小流域综合治理相结合的模式，到1993年，10年间共治理水土流失15万亩。21世纪，星溪里水土保持生态环境建设示范小流域入选"全国水土保持生态环境建设十百千项目"。2003年，全县划定百万亩林地作为一重山水土保持生态修复保护区，开展了保持水土、造林绿化、生态修复防护及规划征占保护区林地管理等项目工作。

近年来，政和县委、县政府践行"绿水青山就是金山银山"理念，综合治理宝岩、九蓬、梅坡、富坂、梅屯、大红、石门、高山、上洋、凤林、赤岐、富足口、西表、连坑、大溪、高林等区域水土流失面积十几万亩。综合治理七星溪、龙潭溪、梅龙溪、蛟龙溪、暖溪、翠溪、界溪等河段。翠溪小流域2024年度入选国家水土保持重点建设工程。兴建珠山湾、塔山堰等拦河坝和橡皮坝，全面完成全县水电站最小生

聚力"蝶变"
——政和乡村振兴故事

态下泄流量设施改造、在线设施安装和上网链接省环保平台生态下泄流量放水设施改造及在线监控装置安装。4年内全县实施七星溪河堤两岸、绿道、慢道、滨水景观等30多个水美提升工程,政和县获得"全省水利建设先进县"殊荣。水系基本达到"有常年流水、有清澈水体、有护岸林带、有安全河岸、有自然河态、有丰富生物、有管护机制"的"八有"目标。

生态治水,换来小溪汩汩,主河滔滔,福泽百姓。徜徉在堤防游步道、亲水平台,以及"人和园""绿水公园"等滨水公园,处处水岸花草摇曳、垂柳依依、鱼跃人欢、烟波袅袅。春风和煦,鸟鸣阵阵,白鹭翩飞;"人放天养",成群鱼儿水中畅游,更添母亲河的温情。洞宫、界溪、下榅洋、九蓬等中型水库和何山、满洋、九层际等小(一)水库,碧水泱泱,湖面如镜,或涟漪轻泛,或波光荡漾。山涧小河的欢笑声,传遍了整个山丘。这涧水涤荡疲惫的心,那心灵如清泉般纯净。在昌岐洋流域的洋屯河畔,全县最长的东湖廊桥横跨河面、连通两岸,附近一望无际的荷叶亭亭玉立,似在殷勤招手,一切宛如画卷……姜屯洋至石圳湾的两岸堤防上,清晨时分,运动爱好者在此晨练;当夜幕带着适宜的温度降临,步道上亮起盏盏柔光,居民们三三两两漫步、健身、休闲,沉浸在悠然惬意的氛围里。这不正是生态治水社会效应的生动写照吗?

三

党的十八大以来,政和县委、县政府认真贯彻"节水优先、空间均衡、系统治理、两手发力"方针,狠抓智慧治水。善当参谋,抢先

星溪环绕熊城（陈昌村 摄）

谋划，大抓项目，抓大项目。"十三五"期间，争取"闽江上游千里江堤"（建溪一至二期政和段）和第四批中央财政小型农田水利重点项目，在"一城两镇"建扩防洪工程。"十四五"期间，早谋优谋，赢得更多大项目。仅近4年，成功谋划闽江上游建溪3－6期政和段防洪工程、山洪沟治理、中小河流治理和抽水蓄能共65个项目，项目总投资76亿元。水利部门建立健全分管领导、高工、工程师、技术员"四个一"挂点乡镇水利项目的"高工领衔"专班制，参与项目建设监管全过程，确保了水利工程如期推进。2024年水利重大项目完成总投资位居全市第二、全省前列，为历年之首。

2017年以来，以龙潭、梅龙、七星三溪六岸流域为核心，实

聚力"蝶变"
——政和乡村振兴故事

施"一轴三区九景点"项目，全力推进水美城市建设。建溪政和段姜屯洋、官湖、梅坡三片区涉及农户山、田、菜，水利部门施工前张贴公告、钉宣传牌、发动宣传，苦口婆心"攻心"，找出解决钥匙，最终"退菜还水"。"河长制""巡河交水""河长+警（检）长"，也是水美政和有效之招，并实现"河长制"到"河长治"的转变。跨上下游的政和、庆元、松溪和寿宁各县，联手治水取得效果。

"水美建设"，使一河星水也生金，拓展了乡村振兴路径。洞宫湖、界溪湖等发展水库养鱼，洞宫湖、界溪湖、念山湖、何山水库地方和码头遗址的石圳、西津等，发展亲水旅游，吸引众多游客避暑休闲，拓展当地第三产业链，带动乡村民宿、农家乐和农副土特产销售。

星水如练，朝霞可鉴。母亲河的一堤一坝、一景一物，总能让美丽治水深深烙印心间。她在皎洁的月光下生生不息地流淌，唱起母亲的摇篮曲，让人们倍感温馨，安居乐业。

今日谱写治水的华丽篇章，明日绘就兴水的崭新画卷，永续走好人水和谐之路，美其家园，活其资源，富其百姓。

筹岭·愁岭·稠岭

◎张建光

一道山岭，横在人前。从海拔三四百米处陡然升至千米左右。面对险峻的鹫峰山脉，人们无法效仿愚公移山，唯有修路一途。于是有钱出钱、有力出力，山里山外、村民旅人，纷纷解囊相助，终于辟出一条山路。"筹岭"之名，便由此而来。

古道连接闽北与闽东，也是通往浙西南最便捷的道路。缓坡处顺山而修，陡坡处嵌以条石和块石。遇溪则砌石拱桥，水浅之处则砌步蹬石。工程在当时可谓壮举。从现存的几段古道可以看到，铺面的石板每块长逾1.4米，宽约0.4米，厚约0.12米，沿途还留存着亭子和茶厝的遗迹，这在福建众多古道中也是极为罕见的。中华人民共和国成立后修建了浦赛公路，人们不再走古道，但是为了过这道岭，要足足爬12公里长坡。此路坡陡弯急，又是沙石路面，过往车辆刹车都踩得冒烟。许多北方驾驶员初行此道时心惊胆战，往往请当地师傅代驾。

围绕古道，村民开垦出块块水田，多是"眉毛丘、斗笠丘、蛤蟆一跳过三丘"般的狭小田块。收成难以糊口，人们只能在边角地头种

稠岭村和佛子山景区（徐庭盛 摄）

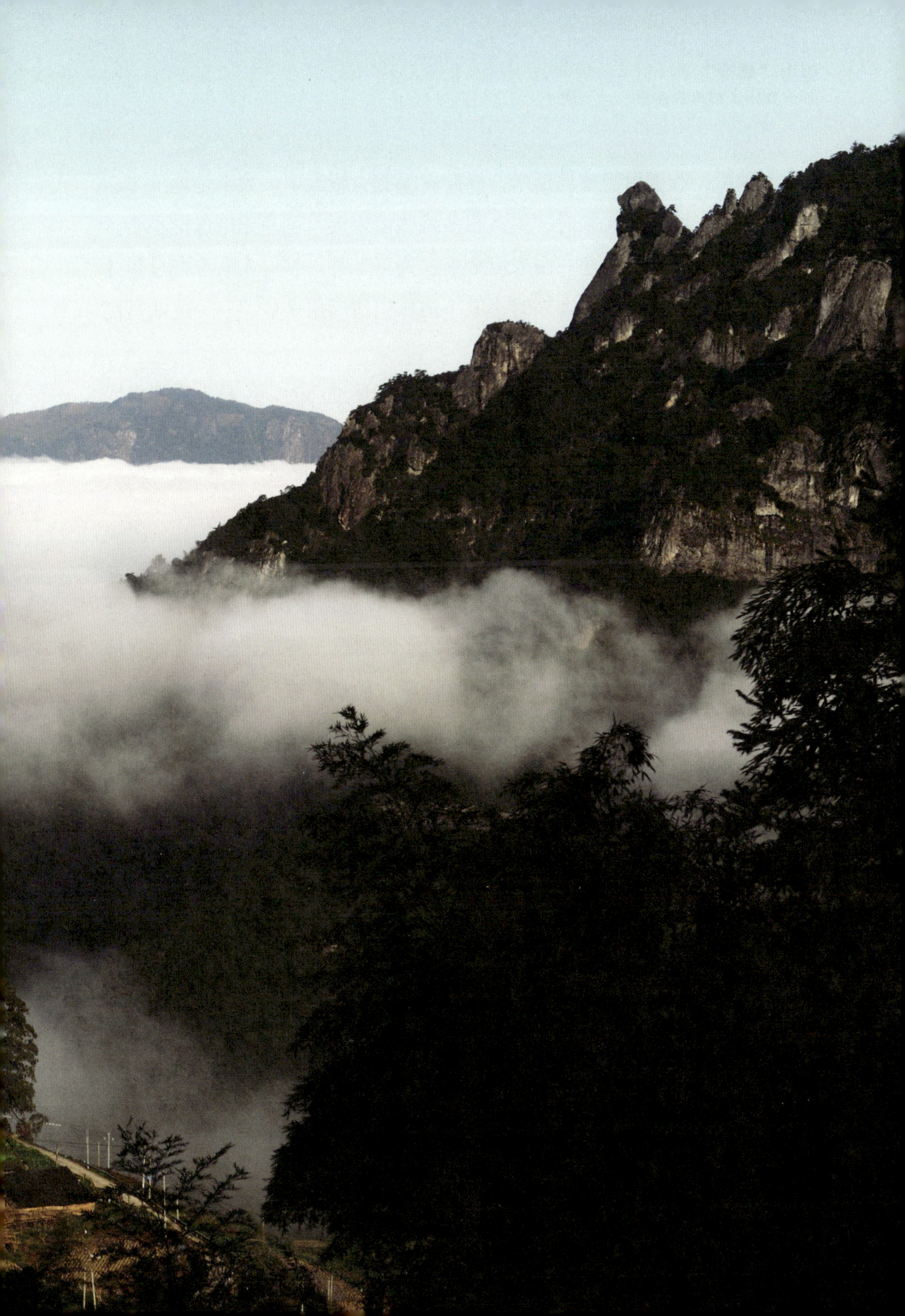

聚力"蝶变"
——政和乡村振兴故事

上地瓜，收成后刨成地瓜米，掺杂着果腹。饭甑里一大半是地瓜米，偶有白米饭，客人来时，主人想多盛些白米饭，可是无论怎样小心，总会沾上一些地瓜丝。白米饭金贵，肉更难得。每户人家总把过年才有的肉挂在灶上，有客来时，取下擦拭锅边后用来炒菜——这就是高山区"四两肉"说法的由来。

村里的小伙子很难找到媳妇。即便有娶进门的，也是合家"砸锅卖铁"，或是"以妹换嫂"而成。高山区流行新娘成婚时"哭嫁"的习俗。婚宴开始，新娘却在楼上一角"开骂"：骂天、骂地、骂媒婆、骂自己……本来是人生大喜之日，这"骂声"中却满是对命运的不甘、对未来生活的惶恐。

村庄破旧肮脏。20世纪80年代，我初到乡镇任职时第一次到稠岭村，村干部怕村部房间的跳蚤虱子吓到我，特意让学校老师腾房间供我住宿。回乡后，我签批了到任后金额最大的一笔开支——为每个下村的乡干部添置一套被褥和用品。那次调研，让我了解了这道岭得名"愁岭"的原因。

反贫困，稠岭始终在行动。种过、养过，也付出过极端的努力。20世纪80年代，这里竟然种起了苹果，"北果南移"居然在这道山岭上成功了，赢得了新闻报道和县政府工作报告中"稠岭顶上苹果香，星溪两岸橘子红"的赞誉。然而，违反自然规律的尝试终如"昙花一现"。为了连接另两个自然村的交通，他们采取"以林换路"的做法修路，结果路修通了，林子却被砍空。后来又响应县里"菇菜猪起步"的号召，大规模种植香菇，虽让农民短期增收，但又陷入生态透支的恶性循环。

村庄的对面就是国家级地质公园，以典型的火山岩地貌著称，境内奇峰怪石、峡谷瀑布、峭壁断崖等景点就有46处，其中最为出名的景观就是佛子跪拜大佛。村庄是最佳观景台，也是信徒虔诚的祭拜之地。千百年来，村民只能望佛兴叹，空对美景，任花开花落，云卷云舒。村中有古屋数十栋，有座大宅门楣上嵌着"受天之祐"匾额，大门边挂着集高适与白居易诗句之意的对联："圣代即今多雨露，文昌新入有光辉。"字里行间寄托着百姓对美好生活的期盼。

政和县1986年被确定为省级贫困县，省委、省政府主要领导都十分关心。习近平总书记在福建工作时曾在此挂点帮扶，先后三次到政和调研考察。1997年3月8日第一次莅临，便深入全县4个乡镇8个村，稠岭也在其中。他站在村口竹径上，远眺前方的佛子山，高瞻远瞩地指出："稠岭村靠山吃山这条发展路子是对的，但是要平衡好经济发展与生态保护的关系。"临别之时又语重心长地叮嘱："这里的自然风景很好，不能老砍树，要改变发展思路，发挥山区的生态优势，既要保护好青山绿水，又要让村民富起来。"习近平总书记的殷殷嘱托让乡村干部开始全面反思过去，形成"少种香菇多种树，保护生态也致富"的理念，逐步踏上"生态立村，文旅兴村"的转型之路，开启了由"愁岭"到稠岭的乡村振兴蜕变。

稠岭本具有美好的寓意。禾稠、菜稠；物稠、人稠；人稠物穰，人稠广众。怎样让它名副其实？乡村党组织以"脱胎换骨"的决心推进改造：改造传统农业。划定生态林1.4万亩，天然林795亩，恢复生态植被400亩，使村庄绿化覆盖率提升至86%。将数百亩老茶园打造成"三茶智慧茶园"，猕猴桃、水蜜桃、覆盆子等果园提质增收，高山蔬菜、茭白、辣椒等也种植开来。改造了村容村貌，按照全村整体规划"三线"落地，管污分流，拆除违章搭盖，修缮十多户古民居

聚力"蝶变"
——政和乡村振兴故事

国家级风景名胜区、国家级地质公园佛子山（徐庭盛 摄）

筹岭·愁岭·稠岭

并保持原貌，修建环村古道、游步栈道、生态停车场、游客中心等8个基础项目。打造了15家民宿、农家乐、咖啡屋、小酒馆、露营等旅游业态。改造了思想观念，村民最大的转变莫过于对旅游的认识。山高水冷是资源，道路成了风景线，优美的生态环境就是最宝贵的财富，曾经的穷村也能端稳"旅游饭"，"愁岭"不愁了。

　　稠岭振兴的关键在"引"，最显著的变化也在"引"。引乡贤回村。张念德和伙伴们早年在上海宝山经营建材，当他们听说乡里将村部和空置的学校对外流转却无人问津时，10位乡亲决定每人出资20万，返村创立"云半间"民宿。这座取意"云住半间，我住半间"的房子，让人"睡在星海，醒在云端"，因而名声大噪，营业额近百万元，为村集体带来了10万元的租金。村集体将租

聚力"蝶变"
——政和乡村振兴故事

金按人口均分,更激起了全村人创业兴业的热情。张念德因此获得政和最美"新农人"的光荣称号。长年在外跑运输的张水态回来了,办起了"三秋四季"农家乐;本县在上海从事服务业的姑娘张爱梅入驻村里,运营"天村姑娘·梅子"的视频号,吸引了数万"粉丝";在泉州务工的范妙宝也回来了,开起了受年轻人喜爱的烧烤摊。近几年,有近40位能人乡贤返村创业。引能人入村。县、乡拟定的机制和政策中的"引育新农人、新乡贤创业兴业"是一条重要举措。当地有句通俗说法:"引导毕业生到乡,能人回乡,企业家入乡,农民工返乡。"稠岭村项目开发采取了企业化、市场化的做法,因而不仅引进了理念、资金、技术和管理,还引进了人才。稠岭村传统村落整体提升由闽台乡建乡创团队负责,同时进行为期一年的陪伴服务。这支团队大都是90后海峡两岸青年,他们的规划、设计、营造以及创意、营销,为稠岭村振兴提供了人才支撑。稠岭村星空露营基地,是由厦门建发国旅和县政府共同成立的"政和我意公司"联合稠岭旅游公司共同打造的。团队成员就像政和县领导所说的:"专业人做专业的事。"引客流进村。像大多数贫困乡村一样,稠岭村1603个户籍人口,大部分青壮年都外出谋生。自确立"生态立村、文旅兴村"以来,稠岭创建了国家级AAA级旅游景区、中国传统古村落和省级金牌旅游林等10个以上省级品牌,全村旅游收入近300万元,村财政收入达到52.7万元,村民人均年增收1.9万元。更可喜的是,年接待游客超20万人次。那年夏天,村里举办"18℃有氧音乐节",单日客流达2600人次,稠岭真正开始"稠"起来——曾经清冷的山村,正焕发出新活力。

科创园里科创忙

◎张积义

七星溪畔，那片丘陵沟壑之地，仿佛在时光的魔法下，经历了一场华丽的蜕变。纵横交错的街道，星罗棋布的工厂，机器的和弦声奏响着奋进的乐章。

一

政和经济开发区十多年风雨兼程，其通用机械设备制造产业在取得不俗业绩的同时，正面临着新的考验：产能落后、产品低端、价格低廉、品牌意识薄弱、粗放式发展方式没有根本改变等难题日益凸显，成为前进道路上的拦路虎。政和经济开发区精准把握时代的脉搏，毅然锚定通用设备制造产业，打造科创园建设项目，以科技创新引领发展。科创园规划面积1055亩，放眼望去，宛如一幅宏伟的画卷，徐徐铺展在大地上。

科创园重点引进一批高端装备制造业。先定好规矩，所有新引进企业项目必须符合《产业结构调整指导目录（2024年本）》规定的

政和经济开发区（余长青 摄）

"鼓励类项目"，企业建设方案必须通过行业专家评审，并符合产业布局、投资强度、环保、安全、能耗等要求：1.工艺技术水平先进；2.引领通用设备制造品牌建设；3.提升产业公共产品检验检测能力。

2022年，政和经济开发区凭借其独特的区位优势、完善的产业配套以及极具吸引力的营商环境，成功吸引了9家新企业入驻，仅仅历时一年，便以惊人的速度实现了从落地到投产的跨越，展现出了政和经济开发区强大的发展活力与蓬勃的发展潜力。

二

纵观科创园一期，这里的公司宛如花园般精致优雅，每一家公司都身怀独特的精湛技艺，在各自的领域里熠熠生辉。

福建良固科技阀门有限公司，宛如一颗科技之星，在通用设备制造领域绽放璀璨光芒。这是一家极具科技含量、处于行业领先地位的企业，专业生产超低温阀、高温高压阀、油田阀、高中压阀门等国际标准系列产品，广泛应用于水利、电力、燃气、煤矿、石油化工、能源、环保、医药、冶金、矿业等多个行业。生产车间由恒温控制，温馨而舒适，阀门数控精加工成品自动化生产线上，伴随着机器的有序运转和创新思维的不断碰撞，一件件美轮美奂、品质卓越的产品，源源不断地新鲜出炉，犹如跳动的音符，奏出舒缓的旋律，悠扬而生动。

在产业的舞台上，美科机械作为新引进的产业龙头企业，具有举足轻重的地位。占地 85.39 亩，总建筑面积 4.08 万平方米，总投资超 5 亿元，规模宏大，尽显强劲实力。超低温阀门、煤化工耐磨球阀等特殊阀门，只听名字便知本事不一般。美科机械是能攻坚、挑大梁的企业，产品附加值高，规模化运营产量大，阀门铸造技术与设备在国内领先。最让人安心的，是其产品检测检验中心。配备钴 60 放射源和伽马射线探伤检测设施，能看穿 200 毫米金属内部的裂纹、气孔等缺陷，让不合格的产品无处遁形。此外，理化检测和实验装备等一应俱全，可独立完成材料疲劳试验验证等多项工作，为高精端产品提供坚实检测保障。美科机械凭借先进设备，成为阀门产业配套服务中心，为整个产业的蓬勃发展保驾护航。

2020 年是一个特殊的节点，张文滔，这位福建汇展阀门有限公司的掌门人，怀揣着对未来的憧憬与期待，毅然让公司入驻政和经济开发区小微企业创业园。这里有着优越的投资环境，像温暖的港湾，接纳着每一位逐梦者；这里贴心的服务态度，又似春风拂面，让张文滔感受到无微不至的关怀。张文滔选择了"借鸡生蛋"的发展策略，

聚力"蝶变"
——政和乡村振兴故事

政和经济开发区机电产品（张斌 摄）

在这片充满希望的土地上，企业不断发展壮大。他的成功，为温州企业树立了榜样，吸引着众多目光。"桃李不言，下自成蹊"，张文滔以自身的经历，开启了以商招商的新征程，并积极为众多企业来政和投资兴业牵线搭桥，让更多的企业看到了政和这片土地的无限潜力。

在产业蓬勃发展的版图中，惠德机械制造有限公司端庄大气。"惠贤知建树，德正可日新"，这句企业文化如同一束光，照亮员工前行的路，激励他们在竞争激烈的社会里，努力成为德才兼备之人，实现自我价值。作为国家高新技术企业，惠德在园区中独占鳌头，是规模最大的整机生产企业。160亩的占地面积，2.6亿元的总投资，使其宛如一座宏伟的产业城堡，吸纳近千名就业人员，承载着大家对生活的希望。走进装配车间，一排排电机排列整齐，不同功率的电机以不同颜色区分，好似独特的徽章。工人师傅们专注熟练地装配、调试，整个车间干净整洁，处处洋溢着现代化工业气息。惠德生产的电机，功率从 10 千瓦到 1000 千瓦，能精准满足各类需求，是企业智慧与实力的结晶。大部分产品远销欧美，在机械制造业发达的欧美国家也赢得信赖，这是惠德的荣耀。凭借优质产品，惠德在国内外建立起稳定销售网络，"惠德制造"声名远扬。

兴和路 19 号，是福建必拓必和阀门有限公司所在地。伸缩大门徐徐展开，开阔的广场映入眼帘，广场中央，方形喷水池像蓝宝石般在阳光下闪耀。四周的绿化带生机勃勃，环绕着喷水池，为这里增添了几分柔和。池中水柱跃起，溅起洁白浪花，折射出七彩光芒，奏响自然的乐章，给科创园区带来灵动的气息。生产区呈独特的"U"字形，环绕着广场。走进车间，宽敞明亮，大吨位射蜡机、数控 CNC 机床等设备分区排列，整齐有序。高度自动化的生产，让整个车间充满现代化氛围。每一个运转的零件、每一道工序，都彰显着企业的先进与专业。员工们专注工作，脸上的自信与从容，是对工作热爱与自身技艺的肯定。在这里，我们见到了公司负责人王茂杰。这位来自温州的企业家精神矍铄，目光中透着坚定与智慧。初见时他稍显严肃，相处后却能感受到他的真诚与随和。接待室里，壁柜上摆满了政和产的茶品。王总笑着说，用政和茶招待客人，是表达热情的最好方式，言语间满是对这片土地的喜爱。谈到公司名"必拓必和"，他兴致勃勃地解释，原本叫"必拓必"，落户政和后，领导建议加上"和"字，取"和气生财"之意，寓意在政和既能开拓进取，又能和和美美、生意兴隆。展柜里向福建公安民警英烈基金会捐赠 5000 元的证书，展现了公司的社会责任与担当。公司 2024 年

5月投产，现有员工100多人，大多来自本镇及周边村庄，还有部分来自建瓯市川石乡村，其中不少是农民和家庭妇女。走进蜡型修整车间，女工们熟练地修蜡、补蜡，动作娴熟，长年采茶练就的灵巧双手，正好有了用武之地。适中的劳动强度和舒适的工作环境，让她们在家门口实现了就业，既能照顾家庭，又有稳定收入，生活变得更加美好。这份工作不仅改善了她们的生活，还让她们找到了自我价值。厂区周边的停车位上，轿车停放得整整齐齐。王总介绍，附近村庄的员工自驾上下班。轿车穿梭在乡村与公司之间，绿水青山见证着他们的付出。这充满活力的场景，让人真切感受到农村的发展潜力。员工从骑摩托车、电动车到驾驶轿车出行，见证生活品质的显著提升。

三

科创园项目的打造结出了丰硕的成果。自2021年起，政和大力促进科技创新与产业创新融合，企业累计投入近1亿元用于研发，引进25条自动化生产线，成功申请123件专利，提升了生产的智能化和自动化水平，提高了生产效率和产品质量。同时，培育出10家国家级高新技术企业等，这些企业成为科创园创新发展的重要力量。产业转型，实现了从绿色低碳到智能化转型的跨越式发展。通过科技创新，企业在生产过程中更加注重环保和可持续发展，同时采用智能化技术提升生产效率和产品附加值，推动了整个产业的升级。

开发区负责人陈明满怀信心地展望道："聚焦阀门产业，强化龙头引领，补齐产业链短板，构建产业集群，是科创园建设的首要任务。在长远发展道路上，不断完善基础设施，推进数字化、智能化改造，让铸造产业向高端化、智能化、绿色化发展，实现产业链各环节无缝对接，是我们不懈奋斗的目标。"

以科创引领发展，发挥科创园产业集群、科技领先优势，促进产业与乡村振兴深度融合，让更多农村居民以及产业工人，共享产业发展成果，向着产业兴旺、生态宜居、乡风文明、治理有效、生活富裕的乡村振兴目标大步迈进。

聚力"蝶变"
——政和乡村振兴故事

绿海逐金浪

◎刘永锋

政和,这个千年古县,在1745平方千米的土地上,拥有独特的高山和平原相结合的二元地理气候,经过70多年的发展,成为福建省重点林业县之一,森林覆盖率达79.63%。225万亩的林地犹如一片广袤无垠的绿海,养育着靠山吃山的"赶海人"。

山里的绿海因时空变化展现出不同的美。站在香炉尖远眺,晨曦渐亮,红日徐徐升起,茫茫雾海散尽后,一座座山峰如群岛般浮现,树林经过露水一夜的浸润,格外清新;攀至佛子山顶俯瞰,夕阳缓缓落下,清风裹着余晖,将金辉遍洒岩石上的红叶之间,令人心潮澎湃;散步到熊山顶静坐,有星子眨眼,有清风拂面,更有知了、蟋蟀的演奏,偶尔掺杂着几声鸟鸣,一曲又一曲,令人遐想。

曾有一段时间,村里为谋发展,几乎家家户户都种植香菇。一片片的树木被砍下之后,在刺耳的碎屑声中,被塞入塑料袋,成了一袋袋菌筒。经过数月孕育,长出了一朵朵花菇,有含苞待放的,有舒展伞盖的,终被勤劳的村民采摘下来,运往早市。在商贩们的争抢下,在讨价还价声中,每户村民的口袋鼓了,笑容多了,花销也阔绰了。

绿海逐金浪

熊山森林公园（徐庭盛 摄）

可是，山里的树木日渐稀疏。

随着保护生态政策的推行，村民的意识不断增强，各地陆续开始封山育林。2025年之初，森林面积达到了200多万亩，其中乔木林地面积153万亩，竹林面积46万亩，特殊灌木林地面积11.85万亩。森林植被以亚热带常绿针叶林和常绿阔叶林为主，如马尾松、杉木、阔叶林等。

一行行白鹭从画卷里飞出来，成了现实的诗，在绿山上、田野中、河道边，白鹭群随处可见。仅铁山镇工业园区后山就有白鹭近百只，日出觅食，日落而归，很是壮观。猴群在政和境内多地出现，十几只、二十几只，日益发展壮大。有一次，一个村民到铁山林业站反映，一群猴子损坏了他山上的锥栗，影响了经济效益，请求林业站想办法解

聚力"蝶变"
——政和乡村振兴故事

决。鸳鸯更是游出画卷,闪亮登场,成双成对地在水库中嬉戏游玩,成为一道亮丽的风景线,吸引了许多摄影爱好者蹲守拍照。

生态好了,森林也多了。"森林是钱库",这个"钱"如何赚?

每年,在澄源、杨源、镇前等高山乡镇,常常有一批村民带着全家人上山采野生红菇、牛肝菌。这些野生菌味道鲜美,深得食客喜爱,总能卖出好价格,让部分村民的口袋鼓起来。勤劳的政和人为了采到更多菌子,子夜就出发上山找寻,如果发现菌子还没长大,就会耐心守候到天亮,等这些菌子长得更大些,才开始采摘。曾经日夜守候菌子长大的一位采菌人说:"最让人兴奋的是等待的过程。"月光下,微风中,这些可爱的小菌子,这儿聚一簇,那儿挤一丛,一个个顶着

筹坑胜景(徐庭盛 摄)

滑润的小头，含苞欲放，过不久，便以肉眼可见的速度开启青春的绽放，舒展伞盖，快乐地撑起了树林里洒落的月光，把最有活力的生命呈现出来。也有一些长得快的菌子，在盛放后开始打蔫。此时，这位采菌人快速而又小心翼翼地采着这些菌子，希望把这些菌子最好的一面留存下来，传递给有缘人。采完后，他还会撒上枯枝落叶，尽量恢复原貌，等待来年的相见。他说："大自然馈赠我们美好的食物，我们享受的同时，也要珍惜、爱护好它。"

乡里乡亲农业专业合作社负责人张德松，原先在上海做生意，后来回到家乡办起了酒店。有一次，酒桌上的客人提到野生金线莲炖鸡是一道极品美食，言者无心，听者有意，张德松打算人工栽培金线莲。他看上了杨源乡翠溪村。翠溪村边翠溪绕，翠溪山上黄土肥。他带我们走进翠溪村的当洋山里，一棵棵锥栗树光着枝丫向蓝色的天空伸展，向着四周延伸，好像要把整个山遮得严严实实，可是冬天里的

聚力"蝶变"
——政和乡村振兴故事

阳光还是射进了树林,斑驳洒落林间。他介绍说,这里就是金线莲种植基地。可是我看了看四周,除了枯叶之外,只有一畦畦被黑纱盖住的土地,并没有看到金线莲。这一畦畦的土地长约2到3米,宽约50厘米,被黑纱罩着,外面还铺了一层防冻膜,横七竖八地排列着。当我们走近这些黑纱后,有一处黑纱被掀开一个大口子,里面什么也没有,只有一些蹄印。他说:"这处的金线莲被野猪吃了。山里还有蛇、老鼠等动物都爱吃金线莲。"此时,冷风拂过,远处的鸟儿发出呀呀的叫声,不知道是被冻着,还是在应和他说:"是的,是的。"他又掀开了一层黑纱,只见许多金线莲正在茁壮成长。据他介绍,在锥栗林里套种金线莲,每3亩山地可收益5万元左右。除此之外,还套种黄精,可惜已经被采收,看不到了。他说,种植基地可以带动周边农户60多户,户均增收1万元。

  镇前镇下庄村生态林较多,其中有一部分是次生阔叶林,海拔在900米以上,常有狐狸、山鸡、山麂等小动物出没。如何既能保护好这些生态环境,又能利用好这里的生态资源发展经济?本地人张应江、范隆荣常为此事商议。有一次,挂点科技特派员说这里很适合种植紫灵芝,点醒了他们俩。2022年,在科技特派员的指导下,张应江、范隆荣一边保护生态林,一边在林下种起了仿生野灵芝,并建立了种植基地。第一年,他们买来了2000根菌棒开始试种,产量达到九成以上。试种成功后,他们在第二年扩大规模,种了32000根,第三年扩大到52000根。村民们看到张应江、范隆荣种植灵芝成功后,纷纷前来学习取经,他们热心地帮助村民代购菌棒,并指导村民种植技术要领,带动十多户农民加入林下种植灵芝的行列。

  在政和,从3月开始,山上的野花便多了起来,其中柿子、青冈栎、木荷等树木相继开花,花香特别吸引蜜蜂。在铁山镇凤林、江上、元山、大红、大岭等村庄旁的山上,树林之中、石壁之下,摆放着几百箱野蜂。太阳刚出来,野蜂也出巢穿梭在这些野花之间,时而吸着花蜜采着花粉,时而"哼着"歌曲跳着"8"字舞。有时为了一些花蜜和花粉,野蜂会飞到四五公里外的地方采集。太阳落山了,野蜂就入巢而息。这些野蜂非常勤劳,把采回来的花蜜咀嚼过后,一点一点装进蜂房,不停地扇动着小小的翅膀,待蜂蜜中的水分逐渐被蒸发后,就用蜂蜡封存。张元农业专业合作社的负责人宋龙书说:"向大自然索取讲究的是生态与利益相互平衡。"因此,他一年只在500多箱野蜂中收集一次蜂蜜,一箱野蜂可以酿40斤蜂蜜,其中30斤被取走,因为这些蜂蜜很"老"、品质好,可以卖个好价钱,留下的10斤给野蜂过冬,达到了双赢的局面。马蜂是野蜂的天敌,是肉食性昆虫,很喜欢吃这些"小鲜肉",常常飞到蜂箱边沿抓野蜂,吵得整个野蜂王国不得安宁。为了保护好这些辛勤的"劳动者",宋龙书常常会用猪肉诱骗马蜂,再悄悄地把小布条绑在马蜂腰上,然后一路跟踪到马蜂的老巢,一举歼灭马蜂。

龙年尾声,政和县林下经济呈多样性发展趋势,经营面积逾36万亩,产值约5.56亿元,带动8000多户林农参与。其中,多花黄精、仿野生灵芝、金线莲、茯苓、金丝皇菊、七叶一枝花等中草药种植面积约5200亩,林菜、林菌、林油、林药、林果等采集加工产品面积约25万亩,养蜂、牛羊等林下养殖可利用面积约8.5万亩。

层层金涛涌起,朵朵浪花绽放。这些山里的"赶海人",正在用自己的新理念爱护着这片绿海,用不同的方式逐浪淘金,深耕着这片绿海。

聚力"蝶变"
——政和乡村振兴故事

福地杨源

◎马照南

冬季的阳光，宛如金色的细沙，从云层的缝隙间轻柔洒落，温暖而明媚。怀揣着对这片古老而神秘的福地的憧憬，我又一次踏上了前往杨源的旅程，去感受乡村振兴的脉搏，品味冬季暖阳下的幸福与温馨。

车窗外，沿途的冬日风景恰似一幅幅精致的水墨画。远处的山峦被白云轻轻覆盖，宛如身着洁白纱裙的仙子，静谧而圣洁；近处的田野与村庄在暖阳的照耀下，泛着淡淡的金色光芒，一片宁静祥和。

杨源，这座位于政和县东部的小镇，自古便以其得天独厚的自然环境和深厚的文化底蕴吸引着无数人的目光，被誉为"福地杨源"。

车行至杨源，古色古香、和谐美丽的村容村貌映入眼帘。村落布局错落有致，古老的建筑与现代的气息交织在一起，构成了一幅绝美的画卷。青石板铺就的小巷蜿蜒曲折，两旁的房屋大多保留着明清时期的建筑风格，青砖黛瓦、高耸的马头墙，雕刻精美的窗棂和门楣，诉说着这里曾经的辉煌与荣耀。十净整洁的街道两旁，绿树成荫。漫步在这样的巷弄间,仿佛穿越时空,回到了那个宁静祥和的年代。

自古以来,杨源人便在这片土地上辛勤劳作,创造了无数的奇迹。张家"倒栽杉"是一棵非常著名的古树,它有着悠久的历史和独特的形态。相传,唐代著名将领张谨之子张世豪计划迁居杨源时,随手将一株杉苗倒插在杨源村东后山上,以此表达对杨源山河和美好幸福生活的坚定信念。令人称奇的是,这株根朝蓝天的杉苗竟奇迹般地成活,蓬勃生长。1000多年过去,"倒栽杉"历经风霜,依然枝繁叶茂。它成了杨源人心中的圣物,象征着不屈不挠、勤劳智慧的精神。如今,这棵古老的杉树依然挺立在河畔,成了杨源乡村旅游中吸引海内外游客的一道亮丽风景线。

杨源还有一处不得不提的神奇之地——鲤鱼溪。溪流清澈见底,鱼儿在水中悠闲地游弋,仿佛在向每一个来访者展示着它们的幸福与自由。据传,这些鲤鱼是唐宋时期村民们为了祈求丰收和平安而投放的。经过千年繁衍生长,它们在潺潺溪水中形成了灵动的鲤鱼群,与村民们共同生活在这片土地上。每年春节期间,村民们都会举行盛大的鲤鱼灯会,用彩灯装点鲤鱼溪,为这片土地增添一份别样的喜庆与祥和。杨源鲤鱼溪,与镇前、周宁鲤鱼溪各具特色,成为闽东北乡村生态文明的样板。

在杨源,还有一座承载着无数岁月与记忆的廊桥——矮殿桥。这座廊桥横跨于溪流之上,桥身用木材搭建,古色古香,结构精巧。每当夕阳西下,余晖洒在廊桥上,桥下的溪水泛着金色的涟漪,桥上的人们悠然自得,构成了一幅和谐美丽的画面。矮殿桥不仅是村民们通行的桥梁,更是他们精神寄托的象征,它见证了杨源人民的

聚力"蝶变"
——政和乡村振兴故事

坚韧与智慧，也承载着他们对美好生活的向往与追求。

除了美丽的自然风光和古朴的建筑外，杨源还有一项珍贵的非物质文化遗产——四平戏。四平戏是一种古老的戏曲形式，起源于宋元时期，至今已有数百年的历史。它以其独特的唱腔、丰富的剧目和精湛的表演艺术而闻名遐迩。在杨源，四平戏不仅是一种娱乐方式，更是一种英雄文化传承和精神寄托。四平戏也是纪念唐代著名将领张谨和郭荣等十八部将的感恩之作。每当夜幕降临，村民们便会聚集在古老的戏台前，欣赏着台上演员们的精彩表演，感念英雄，感受着四平戏所带来的欢乐与温暖。

杨源福地，山川秀美，蕴藏着大自然无尽的秘密与生命的奇迹。在这片古老而又充满活力的地域上，产生了中国南方的重大考古成

省级风景名胜区洞宫山（徐庭盛 摄）

果。曾有两位侏罗纪晚期的居民,以它们独特的方式,在中国南方,在福地地质的年轮上留下了科学印记:一位是具备涉水能力的奇异福建龙,另一位是掌握初级飞行能力的政和八闽鸟。

奇异福建龙的命名蕴含着神秘色彩。作为基干鸟翼类恐龙,它的后肢骨骼呈现独特的适应性特征——加长的跗跖骨与弯曲的爪子暗示其擅长在浅水区涉水觅食。虽然化石中保存的羽毛印痕尚未揭示其原始颜色,但可以推测这些羽毛具有防水功能,能帮助它在潮湿的环境中保持体温。这种恐龙的生存策略体现了中生代生态位的多样性:既保留了恐龙的原始特征,又演化出适应特殊环境的能力。

而与之相对应的,是天空中翩翩起舞的政和八闽鸟。与奇异龙不同,八闽鸟是天空的宠儿,它以轻盈的姿态穿梭于云层之间,用翅膀丈量着天际的广阔。在那个时代,八闽鸟或许正以一种我们现代人难以想象的方式,与奇异龙共同编织着生态平衡的和谐乐章。政和八闽鸟不仅代表了那个时代的生物多样性,更是福建这片土地

聚力"蝶变"
——政和乡村振兴故事

上独特的生态与文化的缩影,它的名字,改写了教科书关于始祖鸟的记载,更蕴含着对这片土地的深深眷恋与敬仰。它让人窥见亿万年前这片土地上生命的繁荣景象,感受到史前生物的独特魅力和无尽奥秘。

如今,当我们站在杨源大溪村化石挖掘遗址现场,回望这两位远古居民留下的痕迹,不禁感慨万千。奇异福建龙与政和八闽鸟,虽已消逝于历史的洪流之中,但它们的故事却如同化石中的信息,穿越时空,向我们讲述着生命进化的奇迹。让我们认识到,福文化总是随着自然和时代的变迁,翩翩而至。尊重自然、保护生物多样性,也是福文化的责任与使命。

杨源坐落于省级风景名胜区洞宫山脚下,为闽东北三角旅游圈的枢纽,旅游资源丰富。近来来,杨源突出"特色文化+"效应,挖掘戏曲文化、道教文化、红色文化、廊桥文化、茶文化等特色文化,打造独具杨源特色的文化IP,加快对农家乐、民宿、茶楼、小酒馆等新业态培育,助力乡村振兴。此外,还积极融入洞宫山、佛子山、石圳湾全域旅游发展格局,抢抓古生物化石挖掘机遇,擦亮"亿年龙鸟起源地""琅嬛福地·龙鸟小镇"品牌名片,打造亿年龙鸟环线最美风景道,带动沿线村庄同步发展。

杨源推动文旅深度融合,探索"乡村振兴公司"强村富民模式。以建设"六美"乡村为目标,建立"大溪村——杨源村——洞宫村"乡村振兴示范带,推进绿化和景点改造,实现"整村推进、整乡提升"的统筹集镇规则,优化空间布局和服务功能。实施村企合作,活化改造闲置古民居,培育文化底蕴深厚的企业,打造具有杨源特色的"观四平戏·品新娘茶"的独特体验,创建楼下特色民宿群等乡愁

千年倒栽杉（余长青 摄）

企业，让乡村留客留心。

近年来，杨源举办了一系列丰富多彩的福文化活动，如"四季祈福节"、福字展、福文化讲座等，让更多的人了解福文化的内涵与价值。通过这些活动，不仅增强了村民们对本土文化的认同感和自豪感，而且吸引了众多游客前来探访这片充满福气的土地。他们在这里寻找心灵的慰藉和幸福的源泉，也感受到了乡村振兴带来新气象和新变化。

暮色中的杨源，民宿灯火次第点亮，如大地上生长的星辰。我知道，当铿锵悦耳的四平戏传来时，这些灯火会化作导航的星座，指引更多故事在这片云起之地生根发芽。而乡村振兴的真谛，或许就藏在那株千年古树年轮里，既有破土而出的锐气，亦不失向下沉淀的定力，方能成就顶天立地的生长。

杨源，就是福源。走进杨源，就像走进了一个充满福气与和谐的家园。这里的人们用勤劳的双手和智慧的头脑创造着属于自己的幸福生活。他们用微笑迎接每一个来访者，用热情感染着每一个人。在这里，我看到了乡村振兴的希望与未来，也感受到了那份来自心底的温暖与幸福。

放不下的爱

◎徐庭盛

在政和这个山区小县,庄桂淦和梁纯爱夫妇已经坚守了半个世纪。庄桂淦在一所小学担任校长长达37年,即便退休后,依然坚守岗位。他的名字被载入"中国好人榜"的敬业奉献榜单。他们对山区孩子的深沉爱意,始终难以割舍。他们的坚守,让一批又一批的孩子成长成才,不断成为乡村振兴的新生力量。

情结·坚守

响应"支援闽北山区教育"的号召,庄桂淦来到政和县,一待就是50年,始终坚守在小学的讲坛上。

他记得,初到外坂村时,那里只有3个年级、3位老师,教室是牛栏旁的仓库,阴暗潮湿。夜晚,孩子们围坐在煤油灯下,夫妇俩轮流在学生家吃饭,每天缴纳4两粮票和3角钱。

他记得,1984年,一封来自印度尼西亚的信件邀请他们去定居,手续都已办妥。是走还是留?庄桂淦彻夜难眠。

聚力"蝶变"
——政和乡村振兴故事

松溪、星溪河畔的西津畲族小学（余长青 摄）

他记得，1989年9月1日，他们夫妇来到西津畲族小学。学校位于山腰，南临七星溪，西靠松溪。一条狭窄的泥土小径通向校园。庄桂淦和梁纯爱背着行李，爬上山坡，映入眼帘的是两栋破旧的砖木瓦房。这是他们37年坚守的开始。

他记得，初到学校时，困难重重。缺水时，他们饮用浑浊的积水，沉淀几天才能煮饭；下雨时，教室漏雨；旱厕的土墙倒塌，师生上厕所都成问题；通往山下的泥土小路常有学生滑倒……

他记得，村民们帮忙修屋顶，师生们一起挖操场、修小路。教室不再漏雨，操场让孩子们有了活动空间，小路也变得好走。一年又一年，学校逐渐改善。

如今，教学楼、宿舍楼、综合楼拔地而起，水泥路通车，操场铺好，校园面积扩大了五倍。绿树成荫，五星红旗在青山映衬下格外鲜艳。庄桂淦夫妇以校为家，坚守了13500多个日夜。

庄桂淦和梁纯爱夫妇扎根政和山区教育50年，不仅改变了无数孩子的命运，也为当地乡村振兴注入了活力。西津畲族小学作为政和县留守儿童占比最高的学校，承担了重要的社会责任。这些孩子获得了知识，培养了独立生活的能力和积极向上的心态，为未来参与乡村建设打下了重要基础。

慈爱·付出

"小坤，你又尿床啦！"梁纯爱摸着身边的小坤，发现裤子、被子、毯子都湿了。小坤父母离异后，爷爷将他送到西津畲族小学。小坤智力、

聚力"蝶变"
——政和乡村振兴故事

心脏发育不良，走路常跌倒，便后不懂得擦屁股。一年春节，爷爷没有接走小坤，梁纯爱便带他回建阳的娘家过年。从6岁到14岁，梁纯爱当了小坤9年的"母亲"。后来，梁纯爱买了套衣服去看望已20岁的小坤，小坤拉着她的手要回西津畲族小学，梁纯爱当场泪流满面。

这是一张超级大的床铺：7个孩子与庄桂淦、梁纯爱夫妇挤在一起。这些生活自理能力差的一、二年级的孩子，穿衣、叠被、洗漱、吃饭等都需要梁老师照顾。梁纯爱记不清，她给多少孩子擦过屁股；记不清，多少次床铺被尿湿；记不清，多少个夜里搂着叫"妈妈"的孩子入睡……

留守儿童，这个让人心酸的名词——那些离开父母、缺少家庭温暖的孩子。2004年，西津畲族小学成为寄宿制学校。从此，许多留守儿童在这里找到了温暖的归宿。2025年，全校112名学生中，西津畲族村的只有18名，其他都是外村外乡的，外县的17名，住宿生71名，留守儿童92名。最多时，学校160多名学生中就有留守儿童120名——西津畲族小学是政和县留守儿童占比最高的小学。

"我们多收一个留守儿童，就能帮助一个家庭，就能帮助一个孩子。"庄桂淦和同事们说：建瓯、建阳、松溪等周边县市的留守儿童都被送来读书。留守儿童太多了，庄桂淦就选更困难的学生留下。2020年秋季开学，送来的留守儿童没法接收了，庄桂淦自掏腰包，在饭店摆了三桌，请家长吃完饭带孩子回去。那顿饭，许多家长和孩子哭声一片。

拒收孩子难，收了孩子照顾他们更难。这些外出务工的、离异的、失去父母的孩子，缺少父母的爱。办寄宿制学校20年，1100多名留守儿童在西津畲族小学成长，上了中学。

"这些留守生，家里大多特别苦，太可怜了，至少都是单亲家庭，很多是爷爷奶奶或亲戚带，我不忍心丢下他们。吃喝拉撒要照顾、头疼脑热要担心，责任大于天，不能有忽视之处。"这是庄桂淦悲天悯人的情怀。

每学期，一个学生收500元伙食费，中餐是政府补贴的营养餐，早餐加晚餐，一个学生仅收5元伙食费。也有家长、村民送来青菜，爱心人士捐来米和油。周末，留校孩子伙食费就要庄桂淦夫妇贴了。蔬菜，他们自己种，荤菜，他们掏腰包买。除此，庄桂淦夫妇还常常掏钱给孩子购物、看病。

他们的慈爱，伴随着不尽的付出，付出青春、付出健康，倾其一生……

西津畲族小学的寄宿制模式，为多少家庭解决了后顾之忧。家长们可以安心在外工作，既增加了家庭收入，也为乡村经济发展注入了活力。庄桂淦夫妇的坚守，不仅让学校成为孩子们的"第二个家"，也让乡村社会更加稳定和谐。

操心·感恩

"咳咳咳……"咳嗽声和灶膛的炊烟一同飘荡在清晨的校园，开启学校一天的生活。这是个十多平方米的小厨房，屋顶只铺一层油毛毡。天微亮，夫妇两人就起床，庄桂淦烧火，梁纯爱做饭，他们夫妇就是兼职的伙夫、厨师。在这简陋的小厨房里，他们被熏了12年。

他们忙碌的一天，从天微亮开始马不停蹄地处理琐事开始，10

点才用早餐，下午1点多才能吃顿午饭。晚上十点第一次巡夜，凌晨两三点第二次巡夜。庄桂淦一天的睡眠不足5个小时。周而复始，日复一日。

牵挂，永远揣在庄桂淦心里。孩子在学校，他夜里就不会离开。2011年11月，他修灯泡时摔伤，尿道大出血，必须住院一周。然而，住院的第一个晚上，他就坐三轮车"偷溜"回学校。住院这一周，他一天也没有在医院过夜。他白天忙活，傍晚去县城挂瓶，晚上就回学校。甚至女儿举办婚礼，他也没敢多待一天，匆匆赶回学校。"放心不下，几十名学生住在学校，我哪敢离开！"学生的冷暖安危在他心中重于千钧。

他们的操心，让乡村孩子获得了改变命运的机会，也为乡村发展储备了人才。来自四面八方的孩子们，有的成为乡村教师，有的成为军人，有的成为农业技术员，有的成为乡村企业家，他们在各自的岗位上，为乡村振兴贡献力量。

庄桂淦夫妇通过生活上的照顾和心理上的关怀，帮助留守儿童树立自信，培养他们的责任感和感恩之心。在这些孩子中，许多人长大后成为社会的栋梁之材。范毅灿曾是西津畲族小学的学生，在庄桂淦和梁纯爱的悉心教导下，他不仅完成了学业，还参军入伍，用自己的津贴为学校的孩子们购买校服，资助困难学生。他的成长经历，正是乡村人才振兴的生动写照。像范毅灿这样的学生还有很多，他们从西津畲族小学走出去，带着对家乡的深厚感情，成为乡村振兴的中坚力量。

他们的事迹感动了身边的人，也感动了海内外。北京小学生捐出压岁钱，加拿大籍华人捐款捐物，本地村民和在外乡亲也纷纷伸出援手。这种爱的汇聚，不仅改善了学校的硬件条件，也为乡村教育和乡村振兴注入了更多资源。

守望·传承

学校宿舍门口有樟树，37年前，这棵树只有碗口粗。37年后，这樟树已长成直径90厘米的参天大树。树，长高了；庄桂淦的背，驼下来了。

吴琼，三明人，2021年考入西津畲族小学，如今担任副校长。在她眼中，庄校长完全处在一个忘我状态，他心里只有孩子。庄桂淦润物无声地感染她，她默默地学习他。

她说，庄校长很认真。去年暑假，学生伙食费剩了一点，每个通宿生剩12元，住宿生剩40元，她和庄校长花了几天几夜时间，挨家挨户用现金把钱退到学生手上。

她说，庄校长太负责。她到西津畲族小学3年半，和庄校长家访过1000多次，都是利用晚上和周末时间。

她说，庄校长长期用餐不规律，肠胃不好，常常喝粥。

她说，庄校长做的事，别人难以做到。他像一座高山，让人仰望。

庄桂淦夫妇的教育实践，也为乡村培养了一批本土人才。吴琼作为西津畲族小学的副校长，深受庄桂淦的影响，她说："我做不到庄校长那样，但要向他看齐。"这种精神的传承，让乡村教育可持续发展。这几年，越来越多的年轻教师来到西津畲族小学，接过庄桂淦夫妇的接力棒，为乡村教育注入新鲜血液。

庄桂淦和梁纯爱夫妇用半个世纪的坚守，诠释了教育的力量。乡村振兴离不开教育的支撑，人才振兴离不开教育的培养。通过教育，乡村孩子改变自己的命运，成长后为家乡的发展贡献力量，他们的成长，将为乡村注入源源不断的活力。

2025年春季开学第一天，庄桂淦和吴琼站在校门口，迎接学生的到来，他们灿烂的笑容，像和煦的阳光。

上山下地送真经

◎沉洲

闽北山区土地资源禀赋不高,种完一季主粮,选种什么经济作物非常关键。政和县东部鹫峰山脉高山区,平均海拔达八九百米。近年来,当地农民多选择收益好的食用菌。高山区食用菌反季节,与海拔低的地方错开上市时间,而且昼夜温差大,病虫害少品质优,深受市场青睐。但食用菌产业讲究技术含量,投资大,风险也高。

发轫于福建闽北的科技特派员制度,把科技送到了田间地头,为菇农们保驾护航,护住了他们的钱袋子。

2022年9月,福建省农科院食用菌所的副研究员兰清秀到政和县挂职,任农业农村局科技副局长,此前,她已是定点政和的省级科技特派员,接着又成为政和老区苏区县乡村振兴科技特派员服务团食用菌专业组组长,担任岗位专家成员。

随着乡村振兴战略的深入开展,县农业农村局的工作繁重。兰清秀分管能源站、植保植检站、土肥站和绿办4个部门,主要负责农业资源保护、农村生态环境综合整治、生态农业、循环农业、农村节能减排、品牌农业建设、龙头企业培育等工作。她经常深入田间地头开

聚力"蝶变"
——政和乡村振兴故事

下园村食用菌（陈昌村 摄）

展工作，忙得不可开交。在挂职的两年里，因为对食用菌的兴趣和热爱，她想借此机会掌握一线情况，进而做一些有意义的事。她总是利用周末时间下地上山，遇急便在工作时顺路拐一下，解决菇农的燃眉之急。

澄源乡前村的天汇源专业合作社，在蔬菜大棚里试种了五六亩竹荪。4月的一天，合作社的宋总焦急地打来电话："兰副，赶紧来帮忙看一下，地里的菌丝好像都不怎么长。"兰清秀次日刚好去高山区现场办公，她绕道前村，发现大棚里封闭得严严实实，空气不流通，导致缺氧。她马上让人全部敞开透气，并提醒宋总，天气即将热，其他地区已经出菇了，再闷下去菌丝就死了。后来，宋总还是不安心，担忧夜间低温会导致菌丝死亡。兰清秀耐心解释:"现在的天气,竹荪在无遮无拦的大田里种植都能存活,有大棚保温,更无须担心。"最终竹荪丰收,第一次试种竹荪的宋总信心倍增,准备继续种植。

镇前镇下庄村三丰家庭农场的张总,从事工程行业积累资金后,回家乡流转了200多亩山林,想发展林下经济种灵芝。家乡山林多,种灵芝的人也比较少,还不与粮食争地。他找到刚挂职到位的兰副局长,咨询当地能不能种灵芝。兰清秀家乡闽西的灵芝产业发展不错,便介绍了一些情况。当地阔叶林下生态丰富,湿度也适宜灵芝生长。张总把菌买回来后,兰清秀上山去查验质量。一段段的木头上,菌丝形态和转色都不错。

尽管销售菌棒公司也会教授种植细节,但兰清秀还是不放心,她一定要进山查看种植细节是否到位。她边巡查边讲解:山区雨水多,菌棒怕积水,间隔80厘米左右,45度角埋进阔叶林下最科学。上面覆土要留口,以便灵芝从顶端萌出。自然环境里,采到的灵芝多年生的少,因为白蚁喜欢蛀食灵芝,菌棒周边一定要做好防控。30天左右做一次管理,特别是在雨后,覆土会夯实沉降、裸露出菌棒,要再次培土,并捡拾落下的枯枝叶,锄掉杂草。不要以为种植灵芝不用化肥农药,在自然生态里简单好种。要有好品质,后期管理非常重要,该花的力气不能省。

灵芝露头那些天,兰清秀又进林示范疏蕊技巧。薄土处的灵芝有时会拱出四五个来,要留大去小,这样培育出的灵芝品质更好。

此前,张总没接触过灵芝种植,兰清秀推荐他参加中国种子协会食用菌分会培训班培训,提高对这个行业的认知。通过培训,张总认识了很多业内比较成功的企业家,彼此交流,获得了很多实用经验。

下庄村灵芝（余长青 摄）

兰清秀心细，专门买了一盒灵芝茶供张总参考。张总执行力非常强，马上学习，一年不到便推出富硒灵芝茶。兰清秀把当地的土壤和产出的灵芝带回农科院检测，发现土壤含硒指标高，下庄村种植的灵芝达到了富硒标准。有了科技赋能，三丰家庭农场的灵芝茶在市场上很是畅销。

兰清秀个头不高，身形小巧。张总第一次见到她，心里暗忖，这么小小的一个人，能有多大能量？后来，兰清秀一次次进入深山密林，

有条不紊地指导，让张总对她刮目相看。初次种植便获得成功，这离不开兰清秀全程尽心尽力的指导。但凡碰上记者采访，言语不多的张总就一句话："把兰副写好来。"

张总尝到了甜头，2025年流转的山林又增加了100亩，准备进一步在林下加种金线莲和铁皮石斛。每当看到五六十名村民挑菌种进山、运灵芝回村的忙碌场景，兰清秀便喜上眉梢。除了老弱病残，全村人全力以赴，山村显出了生气。家门口有了产业，村民不离乡不离土也能挣到钱。农村的日子变得充满希望。

黑木耳主产地在东北，落户闽地相当于"北耳南移"。黑木耳市场价格比较稳定，技术要求不高，无须耗神精心呵护。县局看好黑木耳产业，认为它可以带动一方农户致富。未到政和挂职时，作为省级科技特派员的兰清秀，服务对象就是镇前下园村仙园食用菌公司。

黑木耳在北方是秋菇，到了政和高山区便算冬菇了，错峰形成市场优势。兰清秀参加南平市科技特派员创新创业大赛，为企业挣得黑木耳项目资助，又挑选了一些适合高山区的新品种，在仙园食用菌公司的基地进行出菇试验，通过对菌株的营养检测，筛选出一个含铁量高的品种。这些试验结果和研究数据为公司产品提供了销售推广的宣传依据。

2024年5月，仙园食用菌公司李总询问兰清秀，地里有一些菌棒变绿怎么办。兰清秀当即判断这属于环境湿度问题，让他先控制好湿度，把已经变绿的菌棒挑掉，再用

聚力"蝶变"
——政和乡村振兴故事

石灰消毒四周,抑制扩散。后来到了现场,兰清秀发现他们生产的菌棒果然湿度过高。通常培养基含水量要控制在58%到65%,眼下已经到70%了。本来经过检测可以控制含水量,但技术员仅凭经验,一个环节没盯住,便出现问题。

祸不单行,当地突遇极端天气,连续20多天暴雨。6月间梳子溪山洪暴涨,李总眼睁睁地看着洪水一寸寸漫进溪边菇田,杂菌污染了菌棒。将近20万包菌棒,投资七八十万元,全泡汤了。

次日洪水退后,兰清秀搁下手头的工作,和镇领导赶到现场。李总看着被淹后的菇田,淤泥、杂物满地,坐在旁边唉声叹气,心灰意冷。

查看过现场,兰清秀认为可以挽救一部分菌棒。她指挥大家在新

下园村农民采收食用菌(陈昌村 摄)

场地喷药撒石灰，消毒灭杂菌，再把上面两层没浸过洪水的菌棒移植过去。洪水过后飞虫多，她还申请了防虫板、防虫灯预防害虫，避免菌种再受感染。最后，在她的坚持和大家的努力下，公司挽救回了近一半损失。

离开前，兰清秀告诉充满感激的李总，废菌棒虽长了绿霉，但营养价值还在。受污染的菌棒只要及时晒干废料，适当加一些生石灰和新鲜木屑，重新制作后高温蒸煮，还能再接种培养出菇。

此前，仙园食用菌公司与永辉公司，签订了商品供货协议，如果缺货，需要按约赔偿。永辉公司体谅灾情，供货期间按最低赔率，但每天也得近2000元。农业风险大，遇到天灾人祸，农民常常血本无归。国家对农业有政策倾斜，保险费政府补贴三分之二。2020年开始，补贴保险覆盖到了食用菌。兰清秀深知食用菌行业风险高，反复提醒要把新政策尽快宣传到田间地头，提高菇农抗风险能力。恰好在洪灾前三天，县局工作人员把保险公司业务员带上山对接，李总知晓了政策，当场签合同、买保险。洪灾后，仙园食用菌公司获赔十几万。这让李总有了喘息机会，继续恢复生产。

通常，仙园食用菌公司一亩木耳地要用40多名工人，一亩平菇需要近30名工人。轮流采收时，山坳里尽是人影，常住人口越来越少的山村一派兴旺的样子，让人感觉到暖心。

做农业的人对土地都有情怀。一定要用科技赋能食用菌种植，让更多的人参与进来，促进农民增收，从而壮大家门口的产业。每当想到这一点，兰清秀小小的身体里就涌起无限的情怀和使不完的劲头。

聚力"蝶变"
——政和乡村振兴故事

劳模和他的村庄

◎ 郭义清

大年刚过，走在政和县东平镇凤头村的头坑自然村里，村口老樟树上摇曳的串串灯笼，农户家门口的火红对联，村巷里此起彼伏的鞭炮声，以及那聚集在村口石桥边舒心地晒着太阳、身着新衣裳的人群，都令我和同学周传书以及劳模张步瑞倍感年味的存在。

在村口的大樟树下，张步瑞说，中午就在他发小杨总家吃饭。杨总儿子昨天娶了媳妇，按照当地习俗，今日中午宴请女方父亲，俗称"请亲家"。多年没有体验农村宴席了，我和同学欣然应允。

第一次去头坑村，是20世纪70年代末。记得是和村子里五六个小伙伴去相邻的头坑村采摘编制斗笠的箬叶，大家带上柴刀等工具，也不知道走了多久，直到日头正午，肚子饿得咕咕叫，还没找到有箬叶的地方。扫兴时无意撞到村子边上一片种地瓜的田地，饥饿难耐之下，小伙伴们迫不及待地取出柴刀挖地瓜充饥，正津津有味地啃着香甜的地瓜时，都被村民逮个正着，人赃俱获，被没收了柴刀不说，还被关到村部等待家长来处理。直到日暮时分，家长们才匆匆赶来"赎"了惊魂未定的我们。据说，每人还被罚款5元钱，让父母亲心疼了好一阵子。

后来知道头坑村是凤头村的一个自然村,更知道凤头村有一片100多亩的楠木林,被誉为"中国第一楠木林",有楠木1000多棵,树高30多米,平均树龄300多年,最长树龄600多年。还知道凤头村诞生了一位革命战争时期叱咤闽北的风云人物陈贵芳,其出身贫苦,一家三代7位革命烈士,母亲三次被捕入狱,受尽酷刑,脱险后仍四处为革命奔波,可谓满门忠烈,浩气长存。解放战争时期,陈贵芳历任闽浙赣省委常委兼闽浙边区地委书记,率领闽北游击纵队转战闽浙赣边区,立下不朽功勋,留下不少和敌人斗智斗勇的英雄故事。

再后来,便知道凤头的头坑村走出了一位政和县第一个也是唯一一个全国劳模张步瑞。这个土生土长的头坑村民,乡音难改,乡情难忘,乡愁常萦,怀着对家乡的眷恋,几十年来,立足当地资源,创办茶叶加工厂和白酒酿造厂,带领村民走出一条共同富裕的乡村振兴路。

此后,因与老家在东平、毕业后一直在东平镇工作的同学周传书往来频繁,我和张步瑞便也在20多年前熟络起来,成为朋友。劳模张步瑞的许多事迹,我大多是从周同学那里得知。这位几十年来扎根乡村一线的乡镇干部,当过政和东平营前农场场长,后又在镇里分管农业农村工作,多年的老同学,无疑最了解张步瑞,也无疑最熟悉当下的乡村振兴战略。

周同学说,那还是在改革开放初期,20岁出头的张步瑞见村里有人开始种茶,为了让村民的茶叶能够销售出去,能够卖一个好价钱,他毅然租借村里的旧仓库,办起政和县第一家民营茶企——登峰茶厂。为了能尽数收购村民的茶叶,张步瑞千方百计地向信用社贷款,

聚力"蝶变"
——政和乡村振兴故事

东平高粱酒厂（张步瑞 供图）

收购茶叶，加工后销售到闽东一带。在到外地销售茶叶的同时，张步瑞虚心向制茶老技师学习品质优良的白茶制作技术和要领，经过不懈努力，很快掌握了白茶制作技艺。

　　我后来和张步瑞聊起办茶厂的事时，他还告诉我，说当年办茶厂时是偷偷地办，小心翼翼地经营，生怕被扣上"走资派"的帽子。只是张步瑞太想让自己和村里人都能够富起来，于是硬着头皮经营茶叶，把茶厂办得日趋壮大。有了登峰茶厂，村民们见茶叶不愁卖不出去，纷纷在自家荒山和自留地开垦种茶，百来户的头坑村，茶叶种植面积从百来亩迅速扩大到1000多亩。张步瑞清楚地记得，他的侄儿张有亮种茶干劲大增，一口气开垦了30亩茶山。

　　那时，由于化肥紧缺、茶叶产量不高，张步瑞便利用到广州、上海等地销售茶叶的机会，购买肥料回来，分发给当地茶农，让茶叶的产量和品质显著提升。

后来，随着农户茶叶种植面积的不断增长，张步瑞在镇里创办了政和闽峰茶叶有限公司，经营范围也不断扩大，成为省级农业产业龙头企业。尤其是针对白茶自然甘美的绝佳优势，张步瑞毅然在家乡凤头村创建千亩生态白茶园基地，并和农户签订茶叶栽培管理协议，免费为农户提供有机化肥和茶叶采收、加工、茶园管理等，并以保底订单方式收购茶青，确保农户的最大收益。

那一年南平市作家协会和政和县文联组织"政和白茶节"文学采风时，我有幸一览凤头村的生态白茶园。它就在楠木林的侧边，延绵在海拔不高的几个山包上。恰逢春茶开采，正如清代政和诗人宋滋兰描写的"山中谷雨新茶熟，千枝万叶如云齐"那样，茶齐如云，采茶正酣。当我随采风的队伍步入茶园的机耕道时，只觉得青绿欲滴的茶园，空气清新入肺，叫人十分舒坦。茶山顶上，"茶灯戏"表演正酣。凤头的茶农已经把传统的采茶歌、采茶舞融入当下的茶文化中，赋予茶产业文化新的内涵。

2001年，时任福建省省长的习近平到东平镇调研，张步瑞有幸泡了白牡丹茶让他品尝。得知张步瑞是东平镇第一个开办白茶加工厂的，还把茶叶卖到香港甚至出口国外时，他当即鼓励张步瑞："不要小看这一片叶子，既可以把外国的钱赚回来，又可以带富一方百姓。"

张步瑞备受鼓舞，牢记嘱托，在家乡大显身手。在他的带动下，凤头村拥有了8家茶企和茶叶加工厂，东平镇内茶企更是多达150家，从业人员一万多人，茶产业产值过亿元，农民茶叶收入占人均收

聚力"蝶变"
——政和乡村振兴故事

入的半壁江山。而张步瑞个人也在2009年、2013年和2015年分别荣膺"福建省五一劳动奖章""福建省劳动模范"和"全国劳动模范"等称号,并进京受奖,得到党和国家领导人的亲切接见。

多年来,劳模张步瑞不仅把"一片叶子"做得如火如荼,同时还创建了东平高粱酿造有限公司。数十年来,公司先后获得福建省著名商标、福建省"老字号"、福建方志特色记忆等荣誉,并积极为家乡创造劳动就业岗位。而劳模张步瑞的村庄凤头村与头坑村的茶产业和各项事业也势头迅猛,茶山种植扩大到5000多亩,许多农民因茶而富。一些种茶起家的村民,赴上海、厦门和广州等地发展,把生意做得风生水起,回家乡盖新房、做公益,让村庄焕然一新。

凤头村茶园(徐庭盛 摄)

凤头村在东平镇乃至政和县声名鹊起，先后荣获"福建省生态村""福建省特色旅游景观名村""福建省省级传统村落""福建省森林村庄"等荣誉称号，并被住建部列入中国传统村落名录，入选第一批国家森林乡村名录；上线中国传统村落数字博物馆。原始楠木林被评定为国家AAA级旅游景区。在村里的中共政和第一支部旧址、陈贵芳故居、中央苏区政和历史展示馆、红色读书会、奖山、生态白茶园等游览景点，参观的游人络绎不绝。

而头坑村里，老队长自豪地对我说："在头坑村，只有两个地方是旧的，一个是旧茶厂，一个是旧村部。"他还说，出价再高，也不会售卖村里这两处见证历史的旧物。其实我心里明白，不是不卖，而是不需要卖，因为村里的基础设施建设和公益事业，根本无须村集体出资，劳模张步瑞和村里的各个"老板"已经"埋单"了。

杨总的"亲家宴"就摆在旧村部，见有稀客赴宴，杨总和村民热情有加。当我和杨总说起当年偷地瓜吃的趣事时，桌上的人都笑了。我想，那笑声，既是笑当年的贫穷，更是为如今的好日子而喜上眉梢。

步出旧村部时，天空异常晴朗。站在村口的小桥上，我看见阳光暖暖地照在村巷里，照在老樟树茂盛的枝丫上，照在小溪缓缓的流水中，映射着劳模和他的村庄，闪着熠熠的光辉。

这一天，我再一次走进了劳模张步瑞和他的村庄，尽管岁月沧桑了劳模张步瑞的容颜，但他风采依旧，创业的激情没有改变，而凤头村和头坑村，变化却越发大了。

聚力"蝶变"
——政和乡村振兴故事

祥福竹语

◎ 禾源

一根竹子长在青山上时，在徐徐清风中讲述的是虚怀有节、颔首大地、咬定青山不放松的故事；当它与刀锯对话时，或是坎坎有声，或是裂帛之音，讲述的是柔韧竹篾编织农家生活用具的故事；当它经过高温碳化后再与精密加工机床对话时，讲述的是福建省祥福工艺有限公司在乡村振兴中演绎出一根毛竹产业化的传奇故事。

从家庭作坊到建立加工厂

演绎一根竹子传奇故事的主人公是东平镇护田村名叫杨忠的后生，初次见面，便能感受到他与竹家居相契合的儒雅气质。这一气质的养成，还果真有翠竹赋予之功。他的家乡护田村有千亩毛竹林，他又出生在竹木工匠之家，成长在家庭作坊中。幼时他的玩具就是木片、竹片，耳畔时常响起劈锯打磨之声。随着时光一路成长，不断在父亲的指导下拼接成品，他认识到了竹木的精彩。

认知开启天窗，认可种下从业之根。1997年，高中毕业后他毅然选择了回到村里，跟随父亲，带着新一代人的思维与竹木对话。3年的学徒时间，他学会茶道系列用品的制作。这时，他想到产品应该活在市场中，便到了厦门闯市场，第一个客户便是厦门一家街边的店铺，由他代为销售。当时称得上顺风顺水，可就是一个小作坊的小买卖。

到了2003年，这位客户说，他要转行，不再做这个买卖了。杨忠一时感觉一片茫然，刚有起色的小企业，会不会又被打回原点？好在这位中间商把他介绍给新客户，就在认识新客户时，出现了"柳暗花明又一村"的情况。新客户向他下订了2万多元的订单，但需要的是"竹茶盘"。杨忠想，自家原有设备本来就是竹木加工，应该没什么问题，只是为了批量生产，质量要求更高，必须建立公司化管理机制与之相匹配，于是他便找股东、拉投资、买设备、建厂房，并扩大生产规模，2004年重新组建了福建政和祥和竹木工艺品有限公司，并在东平镇租地盘建工厂，从家庭作坊脱颖而出，建起了祥福第一家粗具规模的竹工艺加工厂，实现了从小舟到小船的转变，产品也从茶道配件到竹茶盘，就这样生产出政和第一片竹茶盘。从此竹艺加工在政和县便有风生水起之势，不仅市场不断扩大，且品质越来越优。

从加工厂走向现代化企业

杨忠说过这样一句话："我的初心就是'做好一根竹子'，把中国真正好的、有品质的竹制品推向全球去。"

为了让"竹茶盘"走俏市场，杨忠提出了销售前移的策略，在广州、泉州、北京设立三个办事处，通过在市场上给大家配货，做好

祥福公司的竹空间在第二届中国（武夷山）竹业博览会上展示（杨忠 供图）

服务，带回效益。但他并没有满足于眼前的效益，他意识到小船出不了海，只能靠岸而行，只有打造能出海的大船，才能经得起商海中的风浪，才能在保护现有利益的同时，获得更多效益，才能让竹林管护的百姓获得更多的收入。2009年，杨忠毅然决定把厂房从东平镇的小山村迁往政和县城，同时再次转舵，从单一的"竹茶盘"生产转向竹家具生产。这一转向，出现了股东意见不一的现象，有的说要改行做木茶盘，有的说守着眼前就能过好日子。他们认为，2012年"竹茶盘"工艺获福建省地方行业执行标准，就不必再折腾了。企业再度陷入产品单一的瓶颈制约。从2010年到2015年，整整5年时间没有盈利，一直在寻求突破，探索竹家具产业之路。

杨忠一直坚持"创新是企业生存之道"的创业理念，而创新要观念先行，他从"茶盘"到"茶道"再到"茶空间"，思考着家居与茶文化的关系。2014年，他为一个茶企业设计并建造了一个喝茶空间，在其间喝茶有了特别的感觉，茅草小屋，野趣浓郁，一盏香茗，袅袅热气，俗人也有了几分仙风道骨。一种感觉，一个启迪，于是他在厦门参展时，就特置了一室茶空间，结果深受青睐。茶空间的成功，让大家对竹家具的生产有了新理念，茶空间、竹空间完全可以完美融合。2016年再次到厦门参展，祥福公司以全竹家居打造了茶空间。这一空间成功地为竹家居走向生活开启了天窗，改变了人们一直以来认为竹制品只是低端产品的观念，颠覆了传统的高档家具观。到了2018年，公司打造出竹空间，从家居、接待室、会客厅、茶空间、书房、个性化雅室布置等，系统性开发竹家具，建成管理科学化，生产自动化、标准化、高效化，销售智慧化的现代工业企业，打造出设计、生产、定制、安装全产业链，展示出一根竹子的魅力。

杨忠说："2018年以来，公司为避免出现'小而全'高成本运营弊端，再次调整策略，从加法转为做减法。只剩下乐透泡茶器、竹茶盘、竹家具三个系列。"致心一处，终结正果。祥福公司设计开发竹制茶具品种超过221个，拥有157项专利，年产各种竹制品210多万件（套），营销网络遍布全国各大城市，逐步发展成为中国竹业龙头企业，获评"中国竹产业品牌十强企业"。企业创始人杨忠也先后获得"毛竹加工先进个人奖"、第四届"青年创业奖"、"全国诚信优秀企业家"等多个奖项。公司创建的祥福观光竹博物馆于2020年8月开馆，从生活版、休闲版、商业版、商务版、行政版、定制茶叶店、定制茶器店、大众茶馆、茶书院等祥福九大竹茶空间展示出竹空间、竹精彩、竹气质、竹梦想。

从一家致富到惠及千家万户

杨忠成功打造了祥福工艺，祥福工艺也造就了他，他从一个家庭作坊中的学徒、匠人、销售员，成长为现在的企业管理者、创意人、设计师、营销策划者。正如春笋破土，节节拔高，层层脱壳，自我革新，成长为顽强的成熟翠竹，俯首大地，落叶培根，让竹鞭延绵青山绿野，惠及千家万户。

祥福工艺公司以前瞻性思维建设人才洼地，吸引设计、创意高端人才的流入。生于台湾的美籍华人产品设计师石大宇所说："政和有最好的毛竹资源，祥福的工厂规模、生产工艺、研发体系都很优秀，我一眼就相中了。"同时健全用工机制，大量使用当地民工，为社会创造了良好就业环境，增加每个家庭收入。如今，厦门的研发中心有设计师20多名，工厂管理和技术人员50多名，工人230多人。还组建了手机线上电商，通过抖音、快手等直播卖货方式销售产品队伍，如今这支队伍就业人员达35名，这些人员都乘坐在祥福企业这艘船上，在商海获取收益。

杨忠说，竹工艺产业的兴旺，首先获利的是毛竹大户。祥福工艺公司每年用竹量达约1万吨，惠及村民的经费多达1500万元。祥福公司为了保证企业有稳定原材料资源，不仅扶持原材料粗加工厂十多家，年产值达3000多万元；还成了福建省竹业科技小院的依托单位，与东山村经济合作社合作开发毛竹山基地1000多亩。这些举措一方面扶持相关企业共同发展，另一方面还建立了毛竹科学管理的示范基地，

祥福竹语

政和竹业科技小院（余长青 摄）

提升毛竹林科学管护水平，从而提高村民收入。2016年带动农户1357户，2017年带动农户1429户；2016年带动生产基地3367亩，2017年带动生产基地3458亩；2024年带动农户达1689户，带动生产基地3971亩。农民从毛竹的耕种到销售过程中得到了真正的实惠，真正获益于竹工艺产业的发展。

杨忠在竹茶盘生产和茶竹空间打造中，提出了"竹茶共同体"文化，推出全茶竹空间，将中国几千年竹工艺文化与茶文化高度融合，

聚力"蝶变"
——政和乡村振兴故事

带动了更多产业融合发展。他把龙泉的青瓷、德化的白瓷、河北的玻璃与竹工艺相结合，开发出乐透系列茶器具；把墨石与竹结合，开发了竹嵌石的茶盘；通过自然山水与茶竹空间结合，开发了特色民宿；通过宾馆、展馆与茶竹空间结合，开发了特色空间，等等。打通了产业边界，实现强强联手，各产业优势互补，实现"1+1大于2"的产业融合效果。

他说竹工艺产业的发展是乡村振兴最有生命力的产业，竹长于环保、成材于环保、生产于环保，这是最大生态效益。一套木家具，砍了一片林，可一套竹家具，富了一个家庭，竹是可再生的资源。"以竹代塑"是中国政府同国际竹藤组织共同发起的倡议，南平正深入推进"以竹代塑"示范城市建设。"绿水青山就是金山银山"，这根竹就是挑动金山银山的竹扁担。

思路是开启成功大门的钥匙，格局是承载事业成果的容器。相信杨忠会在祥福工艺有限公司里演绎出更加出彩的融合发展、造福大众的故事篇章。

瑞和，高山上的白茶庄园

◎黄锦萍

"瑞和"真是一个好名字。瑞字寓意着吉祥、如意、幸运、美好；而"和"字蕴含着丰富的哲学思想和人文精神，寓意着和谐、协调、团结、和平。当"瑞和"成为一座白茶庄园的名字，政和县杨源乡云雾缭绕的茶山上，455亩连片生态茶园画卷般铺展，作为福建瑞和白茶庄园有限公司投资人的孙均毅先生站在高高的茶山上，想必会有一种"指点江山，激扬文字"的豪迈与气概吧。

孙均毅从2019年项目调研起，87次来政和考察，对政和的历史文脉、人文地理、风土人情了如指掌。当他一次次地确认，政和县是"中国白茶之乡"、中国白茶核心产区和发源地，白茶历史可追溯到唐末宋初，也是因茶得名的第一县时，就认定这里是瑞和白茶庄园的归宿。

早在1997年3月8日，时任福建省委副书记的习近平第一次到政和调研，首站便来到了杨源乡，视察了东源茶谷生态茶园等地。东源茶谷有450多亩的连片优质生态茶山，习近平一边视察茶叶基地，一边翻阅杨源乡的乡情简报，肯定了高山区的茶叶品质，也仔细询问

东源茶园（徐庭盛 摄）

了这里的茶叶品种。他叮嘱当地乡村干部："高山茶叶有品质、有规模、有效益，要发展好。"28年过去，循着习近平总书记视察过的足迹，政和牢记嘱托，感恩奋进，白茶产业发展壮大。政和如今已成为中国地理标志产品，连续三年被评为"中国茶业百强县"，政和白茶的品牌知名度与市场认可度不断提升。2024年，政和白茶品牌价值达61.18亿元，品牌影响力指数位列全国茶叶产业第四位。

　　我是在2024年岁末，来探访这家名声在外的瑞和白茶庄园的。那天上午天高云淡，山上的风有点大，我们裹着厚厚的羽绒服，站在庄园广场的规划图板前，听项目负责人苏元铭和销售经理林俊锦滔滔不绝地为我们讲述瑞和白茶庄园的故事。苏元铭指着远处的一片茶山说，习近平总书记视察过的东源茶谷生态茶园，如今已经成为我们的茶基地。这里有高山区丰富的茶叶资源，有455亩有机茶园，依托这些优势，我们逐步带动公司控股合作社206户农户、1.3万亩茶园通过绿色食品认证，通过农村驻点人员网格化管理，政和县5.5万亩高山生态茶园为企业提供稳定的新茶饮原料，以瑞和公司为中心1.5小时运输半径内40万亩高山茶叶资源，为企业后续扩充产能提供有力支撑。苏元铭自豪地说，公司扎根一线农村，发挥原产地溯源优势，推动农业产业现代化发展，从而促进农业增效、农民增收，助力乡村振兴战略实施。

瑞和白茶庄园给我的一个感觉就是大：工业用地103亩，建筑面积8万多平方米，目前政和县尚无50亩以上工业用地的茶企。这么大的一个茶企项目，自然是天时地利人和，生态景观浑然天成、绵绵不绝的茶山，绘就出和美乡村山水融合的壮丽景象。项目总投资2.1亿元的福建瑞和白茶庄园，是省级重点项目，也是省内单体规模最大的茶庄园，重点打造集茶叶种植与协调管控、新茶饮原料研发、智能现代化茶叶产品生产加工于一体的产业链溯源企业。项目一期六栋厂房主体建设已基本完工，2025年春茶开采前即可投入使用，预计年产绿茶、红茶、白茶等各类茶叶1000吨。

"政和白茶"是当地百姓脱贫致富的支柱产业，获政府力推。瑞和白茶庄园紧紧抓住"政和白茶"发展契机，入驻当年即带动农户600多户，受益群众达1500人。我深入"压饼车间"采访了两位当地农户，都是杨源人，一个叫葛恩碧，一个叫李典莲，年龄都在50岁左右。她们很珍惜这份工作，每天骑半个小时电动车来这里上班，一天能压2000多斤白茶饼。听着轰隆隆的机器声，看着她们熟练的操作以及开心的笑容，能够感受到她们的生活越来越有奔头。她们每

聚力"蝶变"
——政和乡村振兴故事

个月有四五千元的收入，可以拿着自己挣的钱养家糊口，在家里的地位显然提高了许多。她们也说现在没时间打麻将了，到了茶叶采摘的季节，十里八乡的村民都来这里打工，挣的钱比在自家茶山采茶还多。她们还说，这里的老板对她们很好，专门找了个阿姨做饭，伙食很不错，她们都喜欢在这里干活。我也采访到在食堂做饭的大姐，她叫刘小明，今年58岁，做得一手好吃的乡村家常菜。他们夫妻二人都在庄园里干活，她做后勤，丈夫管理茶山，是典型的夫妻档。

投资人孙均毅很忙，我是到第二天晚上才和他聊天的。我们的话题自然离不开茶。孙均毅说政和的发展离不开白茶这一片叶子，全县茶园面积11万亩，公司所在地周边杨源、镇前、澄源三个乡镇茶园面积近6万亩，为公司发展提供了优质的原料保障。基地平均海拔966米，年均温度14.7℃，四季分明，高山云雾多，昼夜温差大，雨

瑞和白茶庄园（郭斯杰 摄）

量充沛，森林覆盖率高，有典型的"南原北国"气候特点，形成独特的高山、平原二元气候环境，茶园土壤以红、黄壤为主，pH值在5.6－6.3之间；这种特有的土壤理化性与气候环境，有利于茶叶中主要营养成分，比如茶多酚、氨基酸、芳香物质的积累，保持了高山白茶清甜醇爽、毫香浓厚的特质。说得好专业，毕竟孙均毅精通林业。

孙均毅告诉我，目前瑞和白茶庄园已经与政和县人民政府、福建省农业科学院签订"合作框架协议书"，开展政和高山茶叶全程质量控制中心，名优茶树新品种与高山白茶加工技术示范基地和新式茶饮研发中心致力于科技赋能。同时对标行业龙头，高起点发展：已与国内知名茶企、上市公司、大型国有企业等开展双品牌合作，并与大型连锁机构开展不同形式的共享政和白茶原产地全链条溯源工厂合作。

我问孙均毅对白茶庄园有什么梦想。孙均毅的回答很直白，他说没有什么太大的梦想，就是要立足于核心高山优质茶园规模大、标准化工厂起点高、技术合作科技含量大的优势，倾力打造政和白茶"瑞和"品牌，助力乡村振兴。我认为对于一个茶庄园来说，这个梦想已经够大了。

说起乡村振兴，孙均毅的眼中放光，他是省乡村振兴研究会的理事，对乡村振兴倾注了满腔心血，承担着让当地农民致富的使命和责任。2024年9月19日，省乡村振兴研究会调研基地授牌仪式在福建瑞和白茶庄园有限公司举行。董事长孙均毅代表基地接受牌匾，孙均毅表示，瑞和白茶庄园将打造集茶基地、加工、文化旅游、休闲观光于一体的特色茶庄园。在住宿方面将引进品牌酒店负责运营。在茶基地和加工方面，已与福建省农科院科质标所、茶科所、加工所开展深度合作，并积极响应新质生产力的号召，实现茶叶加工标准化、数字化、智能化生产。公司引进国内最先进的白茶自动化生产线，采用传统白茶生产工艺，做到现代与传统有机融合，用做药品与食品企业的标准进行生产管理，茶叶原料加工、仓储、包装等各个环节都严格按有机（食品）组织生产、加工，为客户提供稳定、优质、放心的产品。项目全面建成投用后，年产值预计可达 3 亿元。

其实孙均毅还是有梦想的，他希望结合白茶文化、洞宫山、鲤鱼溪等资源，在投资建设观光茶厂的同时，配套建设研学旅行基地，开发 455 亩茶山用于生态旅游，打造"古韵茶海公园"。到时候将吸引更多的人到政和旅游，到东源茶谷观光，到瑞和白茶庄园喝一杯醇正地道的高山白茶。这也是促进政和乡村振兴的又一个新亮点。

蝶变

◎徐炳书

　　这里，地处政和七星溪畔南岸，因山水灵动，景色宜人，游客络绎不绝。

　　这里，因为"党建体检"把脉、成果转化、破茧成蝶，许多故事悄然发生。

　　这里，因为实施"赋能工程"，从名不见经传，变得与众不同。

　　王山口村，已不再是个默默无闻的小山村，而是一个充满魅力的和美乡村。为了不浪费闲置房屋资源，村委顺势而为，通过"以修代租"的方式，将村民闲置的危旧房屋、校舍流转过来，请专业设计团队改造提升后转租给投资者，发展咖啡书屋、茶庄园、酒馆、民宿、农家乐等一批新业态，焕发出勃勃生机。

　　鸟语花香的树荫下，"微景观"玲珑别致，房前屋后绿植摇曳多姿，"口袋公园"宁静幽雅，文旅体验贴近自然。"跟以前相比，现在村里道路干净了，绿化多了，房子新了，村庄大变样了。"村民们竖起大拇指，赞许有加。2024年，王山口村被福建省列入乡村振兴创建示范村。

聚力"蝶变"
——政和乡村振兴故事

驱车从政和县城向西 14 公里，沿经济开发区宽敞的水泥路驶入村口，只见茉莉广场人来人往，热闹喜庆。20 世纪 70 年代，这里是政和首批茉莉花种植基地，茉莉花茶品质上乘，远销国内外，享有"茉莉花之乡"的美誉。2024 年，村里将闲置场地改造提升为茉莉花广场，融入茉莉花墙绘、茉莉花铁艺造型、茉莉花绿植等元素，以花为"媒"，留住乡愁。

冬已深，天空深邃高远，田野阡陌交通，流水潺潺，鸟声悠扬，各种花卉争奇斗艳，"口袋公园"的花草生机盎然。走进村庄，但见"百福"竹墙前桌椅整齐摆放，人们或端坐阅览书报，或谈笑风生，或怡然自得地晒太阳；房舍俨然，巷道幽静。行走在公园干净的街道上，只见成群结队的游客手持手机，驻足乡村美术馆、老六豆腐坊摄影留念；分布在村中的望乡驿、美术馆、咖啡屋、乡愁铺子等错落有致，无不呈现出"田园风时尚"的和美画卷。一边是百年香樟树，望天而绿，沉静内敛；一边是游人三五成群，打破沉寂。两者碰撞交融，凝练成一幅独特的风景。这里从一个传统村落实现华丽转身，完成"蝶变"。

绘就一张蓝图，营造宜居山村，村民都是参与者。规划要先行，观念改变是关键。这个既有人间烟火，也有诗和远方的乡村，曾几何时，道

石屯王山口村（陈昌村 摄）

路不平、路灯不明、民宅破旧、巷道狭窄；没有绿化、没有公园、没有休闲场所，村民无不怨声载道。于是，村"两委"转变陈旧观念，按照"总体规划、分步实施"的原则，下血本，聘请富有经验和资质规划设计团队，实地考察，征求意见，集思广益，科学规划，准确定位。村委开起"吃茶话事"点，把村民议事环节放到吃茶话事点。"喝茶议事，有事就上吃茶话事点！"规划设计专家们与村民围坐在一起，

聚力"蝶变"
——政和乡村振兴故事

边吃茶边聊天,听取意见,凝聚民智。村干部、老党员、村民代表齐聚一堂,同坐一条板凳,共议规划,共谋布局,共求发展,"吃茶话事点"成了"百姓议事馆"。通过交心访谈、比选方案、公告公示等形式,将村民的所期所盼,融入村庄规划,使谋划的项目、要做的事情,贴近实际,贴近生活。本着"因地制宜、简约务实、管用好用"原则,不搞大拆大建。村民们感慨地说:"以前村庄规划都是村里说了算,我们大多不知情,很多事只是道听途说。现在,咱们村民也能谈想法、提建议,参与规划,一起关心乡村振兴。"

完善一揽子设施,创造宜业环境,村民都是建设者。围绕"六美"村庄建设目标,树立"共规、共建、共管、共享"理念,统筹推进村庄规划、建设和管理,建设宜居宜业和美乡村,持续打造"精、特、亮"工程,借鉴"千万工程"经验做法,成立"党员+群众"人居环境整治劝导队,实施污水管道建设、街道巷道改造、景观立体改造、绿化美化提升等工程,村庄的环境提档升级,面貌焕然一新。完成房屋外立面改造百余栋、大街小巷路面绿化美化,推动后门山景观林、生态茶园、生态水系建设等项目落地见效,基础设施不断完善,"颜值"全面提升。

慕名前往采访,途经一家正在装修改造的门面。黄墙黛瓦的古院子里,工匠李师傅擦去汗珠,笑着对我说:"村里总体战略、发展方向确定后,我这把老骨头,忙着修房子、盖瓦片、装门框、定横梁,天天有忙不完的活。"房屋修复小项目采取"工匠法+工料法"的模式,邀请像李师傅这样有经验的老工匠,发挥一技之长,修旧如旧,保留原貌,既传承传统自然美,又传达古朴韵味。同时,村里发动党员、带动村民,实施人居环境综合整治,动员村民腾出房前屋后边角地、闲置地，主动拆除临时搭盖，种植宜管理、好养护的苗木花卉，见缝插"绿"，实施庭院绿化美化工程。村里集中建设口袋公园2个、微景观5个，一改"脏乱差"状况，方寸庭院间移步换景，一花一世界，一院一生活，人与自然和谐共生。

　　培育一批新业态，促进就业，村民都是受益者。产业振兴是乡村振兴战略的基础，一头连着农民群众的"钱袋子"，一头关乎乡村振兴的动力后劲。村里进一步拓宽思路，采取"以修代租"等方式，秉持"务实、简约、发展"理念进行改造装修，通过公建自营、公建民营、带方案招商三种业态运营模式，发展望山驿、乡愁铺子、陶喜手作、茉莉酒家、乡村美术馆、老六豆腐坊、振洪茶工坊、星寀茶叶、酒馆、口袋公园、吃茶话事点、茉莉广场等十多种业态，吸引了"三乡人"（原乡人、归乡人、新乡人）前来创业兴业。

王山口村茶庄园（荣梅 摄）

聚力"蝶变"
——政和乡村振兴故事

穿过茉莉小广场，便是"望乡驿"，格外醒目，外观近似休闲驿站，和王山口历史上用过的"望山堡"契合。老板孙楹琪是90后、本乡本土人，她曾在上海开过奶茶店，后回乡到经济开发区务工。她亲眼见证家乡的变化，看到在开发区下班的许多工人喜欢来村里游玩。她敏锐地捕捉到了商机，毅然辞职回村开店，一开张就吸引了八方来客，生意做得风生水起。离"望山驿"仅一步之遥的便是扁肉饮食店、乡愁铺子、陶喜手作等店铺，同样人头攒动，生意红火。"乡愁铺子"由在外经商、务工后回乡的范爱珍经营，她原打算拆旧建新，经村里动员，将房屋流转给镇里的振兴公司进行改造、经营，用于展示销售石屯当地的白茶、竹制品、茉莉花、食用菌等农特产品，把这里的土特产推销出去，将乡愁留下来。咫尺间，能闻到扑鼻的香味，那是"归乡人"黄天全开的"扁肉店"，他每天清晨6点起床，从菜地里摘来白菜，洗净切碎，搭配瘦肉，包入面皮，做成扁肉，每天能卖出百来碗，小小扁肉店，创出新天地。

穿过巷道，走进"匆匆那年"咖啡馆，这是村里打造的第一个业态馆。凌世聪、余丽夫妇经营的咖啡馆，主要经营咖啡和糕点。凌世聪原在上海开咖啡厅十多年，参加过上海世博会，看到家乡变化巨大，人文环境优越，村委执行力强，便返乡创业。他负责调咖啡，妻子负责手工制作甜饼，他们起早贪黑，精心运作，打出精品，善待每一位客人，虽然辛苦，倒也琴瑟和鸣，相得益彰。2023年12月正式营业后，以"茉莉里的世界"创意咖啡为游客奉上独特体验，饮品成为网红爆款。他们以本地茉莉花为配料，按比例放入咖啡粉，通过冲淋手法凸显茉莉清香。"土特产+咖啡"的跨界，让茉莉花的自然清香脱颖而出，独具地方特色。"匆匆那年"咖啡屋的引进，为更多村民拓宽了思路，越来越多"归乡人"为村庄振兴发展注入新动能，共吸引 32 位"三乡人"回乡创业。讲到发展新业态，村支部书记林志青如数家珍，自信满满："下一步我们将推动后门山景观林、生态茶园、生态水系建设等项目落地见效。"

山村踏访，行走如读书，风微凉，茶微醺。透过一山一水、一砖一瓦、一草一木、一诗一画，彰显"美美与共"的包容姿态，传统元素在新时代舞台绽放异彩。

聚力"蝶变"
——政和乡村振兴故事

竹生新箨筑梦圆

◎ 景艳

　　山野苍茫,竹海逶迤。车行乡道,山岭叠翠。远处,茂林修竹在清冷的风中摇曳;近处,一排落叶的板栗树在浅淡的寒雾中挺立枝丫;茁壮的白茶树闪耀着暗绿色的油光。冬春之交的政和乡村看似在慵懒地蛰伏,实则蕴藏生机,只等春雷的召唤。然而,在那些乡村里的企业与劳动者中间,奋发振兴的号角早已吹响,生机勃勃的景象并不因季节而沉寂。

　　那是怎样热闹的场面啊!宽阔的厂房中,一根根长长的毛竹正从车辆上卸下来。一排排机器列队如阵,紧锣密鼓而又有条不紊地运转着,发出锐利的喧响。数米长的毛竹经过锯竹机、传送带、剖竹机、分拣机,被分发到不同功用产品的生产链路。那一摞摞体态匀称的竹筒、一沓沓尺寸相当的竹片、一堆堆细若雪霰的竹屑,就像整装待发的士兵,时刻准备奔赴下一个战场。工人在自己的岗位上操作劳碌,紧张有序。

　　竹家缘工贸有限公司总经理陈宗荣环视眼前这个 3000 平方米的粗加工厂,信步走在机器与机器之间,竟生出些许检阅军队的观感。

竹家缘厂区（余长青 摄）

这位曾在军营中锤炼意志的复员退伍军人，将部队作风注入乡村振兴战场。他将绿色发展作为企业的核心理念，通过科技创新，减少能源消耗和环境污染，将竹资源的利用率大大提升，实现了从传统竹制品加工到高附加值竹板材生产的转型升级，不仅提升了竹产业的经济效益，还带动了当地竹产业的发展。

三年的军旅生涯，让陈宗荣真正体会到了什么是高标准。即使是整理内务这类小事，也深刻地影响了他之后的创业道路。正是有了那种玻璃要擦到通透、叠被子要像豆腐块的自我要求，他不断地学习精进，购买设备，引进技术，执着于企业的拓展提升，事业越做越大。夫妻俩从最初依靠简单机械自己手工剖竹筷，到后来购买破竹机雇佣员工做竹菜板，发展到现在投入自动化设备生产竹家具板材；从一天剖1000双竹筷，一天加工300多根毛竹，到每天可以加工100吨毛竹，产值不断翻番。

竹拼板修边机、一种机制炭棒生产设备、一种自动大破机、竹条精选机、防腐防霉竹菜板、一种无毒无胶竹制菜板、一种竹片高效高温蒸汽炭化装备……这些都是陈宗荣名下申请的技术专利，他自己甚至不能一下子报出名来。他经常到浙江庆元、湖州、义乌等地考察学习，从行业的先行者、开放省份的前沿窗口去把握时代的脉动，在风起浪涌的竞争中寻找立于潮头的秘籍。他不讳言技术含量不同的工种造成的工资差距，他要在设备研发上投入更多："谁有能力就派谁去开发，让专业的人做专业的事。目前工厂人均薪水在5000以上，骨干每年收入可以达到十多万元。比较难招的是看守机器的工人。考虑到成本，我们不能提高工资，但岗位总需要人。我们研发竹条自动上料机后，一个工人可以看三组机器，单价就降下来了。"

乡村空心化造成的招工难现象和家门口用工管理难等问题是许多乡镇企业不得不面对的问题，陈宗荣也在所难免。但令人惊讶的是，他的企业中有不少年轻骨干。他将部队的作风与效率带入企业管理，将坚持党的方向、党管干部、党管人才的理念落到细节之处。在部队就加入中国共产党，有两次入党经历的他对党员身份有着特殊的情感。他自认资历不足，请了同是部队退伍的伯父出任党支部书记，吸收当地优秀年轻人入党，以培训见学、组织民主生活会，开展批评和自我批评的方式，增加党员的身份认同感和组织归属感，充分发挥

竹炭（余长青 摄）　　　　　　　　　　　　竹条（余长青 摄）

　　党员先锋模范作用。在办公楼二楼党群活动服务中心廊口，飘红的宣传栏里有党员的相片还有承诺。"一名党员，一面旗帜，一个支部，一座堡垒"成了他管理企业、调动员工积极性的信条。或许正因为这份执着，竹家缘工贸有限公司成为福建省林业产业化龙头企业，并荣获国家高新技术企业和福建省级"科技小巨人"等称号。2024年总产值达到4000万元，缴纳税额140万元，成为当地企业的佼佼者。

　　手握一枚小小的竹炭，一边感受着其中沉甸紧实的质感，一边看着那黑金般的油光隐隐闪现。熊熊的烈焰可以将毫不起眼的竹子下脚料煅烧成一枚枚黑色的"钻石"，扑面而来的科技浪潮一方面在成倍地放大自然的馈赠，振兴乡村，造福百姓，另一方面也在毫不留情地淘洗着离岸的沙砾。我深深地意识到，乡村振兴的加速推进，正在一步步缩短城乡之间的距离。乡村振兴的根本在于乡村的现代化，即使是乡村企业也面临从劳动密集型向知识密集型转型的抉择。一只长出羽翼的蝴蝶不可能为了保住虚无的完整而不破茧而出，否则将支付生

政和竹业科技小院师生在竹山调研（余长青摄）

命的代价。外出打工、见过世面的年轻人也需要一个更好的回归乡村的理由。

  政和，坐拥 46 万亩竹林、7200 万株毛竹储蓄量的绿色宝库，竹产业正以年增 10% 的速度稳步发展。46 家规模以上的竹企业，可以说是风华正茂，各有千秋。不仅为当地创造了显著的经济效益，也成为乡村振兴的重要引擎。而陈宗荣的创业故事之所以脱颖而出，不仅是因为个人奋斗的传奇，更因科技引领乡村振兴的示范效应。

  高山村和岭腰村、西坑村同为竹制品企业的聚集地，书记李木华给我算了一笔经济账："当地村民的主要经济收入来源包括务工收入，以及毛竹、锥栗产业相关收益。全村户籍人口约 1300，竹林面积至少9000亩，每家每户都有毛竹林，人均8亩，平均每亩产竹1.5吨。基本上供不应求，是一笔稳定的收入。除去外出打工的人，在当地务工分两种，一种是加入民间的各种专业团队，比如毛竹砍伐队、建筑队等，还有一种是去当地的工厂做工。不管是雇用别人还是被人雇用，都能有一笔不小的收入。雇主基本上可以获得60%以上的利润，而受雇于人一个月至少也有几千元的工资。家门口上工最大的优势就是每逢农忙时节，当地企业都会放假，村民们忙完之后再回来，可以兼顾农田、锥栗的收入。"采访中，李木华的一个表述引起了我的注意。他说，过去毛竹入厂的计量单位是"根"，要测周长，现在则用"吨"，不测周长。这并不是因为收购标准降低了，而是因为农民熟悉了标准要求，提升了对毛竹的管理，成竹的达标率高。"现在，毛竹有经济效益，大家都愿意下功夫去管理，品质也就提升了很多。"

谈及乡村振兴的路径，许多村民都不约而同地强调了"人"这个关键因素。陈宗荣说："一个乡村要振兴最重要的是要有人气，不然产业再好也发展不起来。"李木华说："要想让年轻人回流，有两个方法最可行，一是提振乡村教育，二是兴办企业。"他认为乡村振兴不能不依靠当地村民自己的力量："外来的游客也好，打工者也好，绝大多数都是要离开的。"

小小的岭腰，这个被竹海环绕的乡镇，已经成为政和县乡村振兴的缩影。在这里，竹林与村庄相映成趣，企业与自然相互交融。冬去春来，竹影婆娑，新箨待展。满枝花红，仿佛细数这片土地的变迁与成就。那些新的观念与技术，就像春风，催动着更迭，铺展着希望，构筑着一个通向富民强国梦想的桥梁。

锦绣锦屏

◎ 潘黎明

松溪人提起遂应场，总有一种意难平。

站在松溪和庆元交界的铁岭隘上极目远眺，一条残存的千年古道曲折蜿蜒于群山之间，倔强地勾连着百里之外的遂应场，如同一条脐带，联结着母体与游子之间的血脉亲情。

遂应场，古时曾名吴家山，在松溪、政和坊间都视作今天的岭腰乡锦屏村，似乎都自动忽视了这块将近26平方千米的土地还包括现今的长垅村。从南唐保大三年（945）起，千年以降，这里隶属松溪县，成为其隔着政和县与浙江庆元县而"长臂管辖"的一块"飞地"，直至1941年经福建省政府核准，改隶政和县。

遂应场曾搅动了吴越和南唐两个王国的风云，并在千年以来，时时牵动着闽浙两个省份、松（溪）政（和）庆（元）三个县的神经。似乎只要轻轻推开历史围屏的一角，那些久远的往事便会活灵活现地弥散出动人的光影。所以受邀到政和采风，我自然锚定了锦屏。

深冬清晨，浓雾中绿水萦绕，青山耸立，驱车在蜿蜒的山道上穿行，如同在云海中驾舟穿行。"踏破千林黄叶堆，林间殿台郁崔嵬。

锦穆古道及东关寨（徐庭盛 摄）

谷泉喷薄秋逾响,山势空蒙昼不开。"虽然时令有所不同,但朱熹的《瑞岩》诗,却写尽了白云生于岭之腰、异彩展于锦之屏的意趣和诗韵。

政和老友徐庭盛和乡里的宣传委员小吕,早已在村口等候了。徐君长期从事新闻宣传,是政和文史研究的方家,也是多年的老同行、老朋友。而小吕虽是第一次谋面,但微信里已经交流了多次,感觉是一个很厚道、很敬业的年轻人。

"绿水青山就是金山银山",现如今绿色生态已经成了中国农村高质量发展的鲜亮底色,但在古代的锦屏,满目可见的却是真真切切的银山。只不过那时的"两山"转化,却是用铁钎和镐头开路,显得十分粗暴直接。

"锦屏,因银而旺,因银而乱。"在徐君的强烈建议下,我们直奔锦屏村外的古矿洞。

踏入隐匿于半山间的古矿洞,一股幽寒之气裹挟着岁月的沧桑扑面而来。斑驳的石壁上,深浅不一的凿痕和银脉纹理形成的"金瓜银线",至今犹清晰可见。矿洞中坑道纵横交错,宽窄不一,形成洞洞套叠、洞洞相通的迷宫。矿洞深处,似乎还能看到在幽暗中弯腰艰难掘进的矿工们。他们中的一些人,或许突遇矿道崩塌,生命就此无声无息地戛然而止。因为司空见惯,老矿洞也理所当然地遗忘他们。

走出矿洞,因幽暗逼仄而生出的压抑和恐惧,在深冬的阳光下,许久才得以消融殆尽。这样的矿洞,在锦屏有170多个,分布在方圆10平方千米的矿区。

而这一切,开始于宋绍兴年间。一位浙江山民途经此地,惊喜地发现,尽管植被郁郁葱葱、姹紫嫣红,却未能遮挡住矿石所迸射出的万道银辉。宋代学者赵彦卫撰写的笔记集《云麓漫钞》记载，"建宁府松溪县瑞应场去郡二百四十多里，在深山中。绍兴间（1131—1162），乡民识其有银脉，取之得其利。"从此，"良工望气开凿寻，剜开石崖成巨穴。高穿绝顶低黄泉，入如蚁行行不绝"。"聚灰平地中开池，炽炭旁围红焰烈"，明代诗人王梦祥所作的《采银歌》，以白描的笔法，写尽了银矿开采和银铤冶炼的艰辛。

对于财富的血腥，封建官府的嗅觉是极其灵敏的，"闻于朝，赐名瑞应场，置监官（《云麓漫钞》）"，后来，音讹成了遂应场。从"吴家"的山，到官家的"场"，从宋隆兴二年（1164）朝廷正式设立坑冶转运司，到明正德十六年（1521）封矿，前后持续350多年，极盛时年产白银2万两以上。

"利之所在，趋之者众也。"（明嘉靖丁酉版《松溪县志》）银矿的发现，如同打开了财富的"月光宝盒"，除了蜂拥而至的苦力，更有逐利而来的商贾。"八万打银人，三千买卖客"，足见当年烈火烹油、鲜花着锦的极盛之象。而因为官府的盘剥、矿主的压榨，这里又时时成为"坑匪"啸聚、民变骤起的火药桶。正统十二年（1447），遂应场爆发了以叶宗留为首的矿工大起义，成为明代历史一大事件。350年的采矿史，就是一个治则治、乱则衰，跌宕起伏的风云录。

终于到了"坐吃山空"的时候。"会孔多山压，磕死者数百人"，"摧压以后，矿脉浸微"，"矿脉微绝，遂罢去，涣然下停采之诏……"万历年间，松溪籍名臣魏濬在这里立下了"撤回遂应场守坑民兵碑"。山体崩塌，水土流失，冶炉的烈焰吞噬……"初场之左右皆大林木，不二十年，去场四十里皆童山"，《云麓漫钞》记载了遂应场辉煌过后的一片狼藉。

聚力"蝶变"
——政和乡村振兴故事

筚路蓝缕,以启山林。

劫后的遂应场成了一件碎布袍,需要用针线来缝补,而最好的针线就是蒿茅林木。几百年后,这里的山又恢复了茂密的植被,水又恢复了翡翠般的清澈。中华人民共和国成立初期,土改工作队队长望南屏山如锦似屏,便将遂应场更名为诗意满满、传神写照的"锦屏"。

"锦屏,因茶得名,因茶而兴",茶树撑起了遂应场又一次兴盛的光景。

距今有400多年的两株仙岩茶王,据传是锦屏仙岩茶的老祖宗,很应景地长在矿洞遗址附近的溪地上,枝繁叶茂,生机盎然。屈指算来,古茶的初植,正是遂应场"矿脉浸微"的时候。关上了一扇窗,

锦屏晒秋(余明传 摄)

却开启一道门，上苍真是厚爱这方水土啊。

春风拂去千朝事，唯余茶香绕群山。遂应场的历史，就是浸润在淳厚的茶香之中。

唐末宋初，北茶南移，遂应场就是茶叶传播路径的必经之处。据《政和茶志》记载，在银矿停采后，遂应场的"三千买卖客"不少转为从事茶叶生意，大大地促进了茶叶生产。清光绪年间，遂应场茶商用政和大白茶为原料制作的"政和工夫"，声名鹊起，畅销海外，那时全村有茶行20多家，外销茶叶1万多担。近年来，锦屏深挖地域特色资源，创建了"三茶融合"发展的"锦屏模式"，以茶产业振兴推进乡村振兴，实现生态优势转化为发展优势。2024年，锦屏村级集体经济收入突破50万元，年产成品茶36万斤，产值2000多万元，人均收入中茶叶占比过半。锦屏村也先后被评为"高山野白第一村"、省级"一村一品"示范村，茶叶成为带动群众致富的"金叶子"。

说话间，小吕将让我们进了白茶商号一条街中的"瑞先春"。主人老叶娴熟地泡起了自家生产的白茶，茶汤清透，茶香清新。从杯口升腾的雾气往外望去，远处的群山绿得有点朦胧，而整个村郭则更显安宁恬静，天人合一。

其实，锦屏古村最美的时候，是每年的深秋。

秋高气爽，天青色将穿村而过的山溪映得更加清澄。红的辣椒，黄的玉米，白的芸豆，摆满圆圆的竹匾，躺在山溪两岸的晒杆上，恣意享受阳光。衬着古朴的黛瓦灰墙，村庄顿时绚烂起来，不由得让人想起孟浩然的诗："绿树村边合，青山郭外斜。开轩面场圃，把酒话桑麻。"

但锦屏的周遭美景，却是四时皆可入画的。

聚力"蝶变"
——政和乡村振兴故事

元代诗人缪拱辰将锦屏的美景归为"八景",即七桥夜月、三级春涛、灵壑仙居、瑞岩佛地、珠林夕照、宝胜晴岚、石马金牛、云龙风虎。一景作一诗,一诗如一画。

一切美景的升华,皆源于审美;一切审美体验,都始于眼眸对景致的凝望,在内心深处沉淀为愉悦的共鸣,最终化为韵律般的情感流动,对于远道而来的八方游客更是这样。小吕自豪地告诉我,村里通过流转改造闲置农房,先后打造了锦汐小院、锦恋小筑等9家民宿、农家乐,2024年,锦屏村的客流量达19.6万人次,成功入选福建省"美丽乡村休闲旅游点"。

挥手道别时,徐君送我一本十年磨一剑的潜心力作《政和古道》。在车上,不经意间就翻到了《古道年轮挂杖窟》一文,文中描述了政和众多千年古道的青石板上,挑夫无数次挂杖敲击形成的挂杖窟不时可见。挂杖窟承载着厚重,刻录着沧桑,正瞪着圆眼,似乎要告诉我什么。

告诉我什么呢?望着窗外不语的青山,我好像悟到了:从吴家山,到遂应场,到锦屏村,千年以来更迭的不只是地名,更是发展路径的嬗变,而至今不变的却是锦屏人负重前行、踏石留印的执着如一,他们坚守着永不褪色的信念:"幸福都是奋斗出来的!"这,或许就是千年以来锦屏的成功密码吧。

回望锦屏,心生锦绣,敬意油然而生。

白茶·红茶·花茶

◎陆永建

唐末宋初，或许是一只飞鸟偶然衔来的茶种，抑或是一位云游僧人的无心插柳，在这方灵秀之地，茶的传奇悄然拉开序幕。宋徽宗当政时，这位对茶有着极致追求与高雅品鉴力的帝王，因钟情于白茶的纯净素雅，遂将"政和"年号赐予这片孕育白茶的土地，政和自此成为白茶的圣地，声名远播。随着时间的推移，政和漫山遍野的茶树，在悠悠岁月里翩翩起舞，编织出一部跨越时空、连接古今的传奇，奏响了乡村振兴的时代交响曲。

甲辰年底，我随福建省乡村振兴研究会赴政和参加采风活动，在政和县文联主席罗小成、文体旅局党组副书记陈存茂等陪同下，先后走访了白茶博物馆、铁山镇的两个茶园，又登飞凤山云根书院泡了"一朵白云"。我们一边品茶，一边闲聊政和的茶人和茶事，不知不觉话题聚焦到了杨丰的身上。杨丰1971年生于浦城，是我的老乡，因文结缘。他高中毕业后，跟随林应忠等茶专家系统学习白茶、红茶、茉莉花茶等制作技艺。1993年杨丰创办了政和县鑫隆茶厂，凭借对传统制茶工艺的坚守和对品质的追求，坚持"看茶做茶，看天做茶"，

聚力"蝶变"
——政和乡村振兴故事

茶是康厂房（叶维荣 摄）

　　将传统工艺与现代技术相结合，不断提升茶叶品质。十年后，他在鑫隆茶厂的基础上成立了政和县隆合茶厂，并于2005年扩建为福建省隆合茶业有限公司。随着企业的不断发展壮大，杨丰把更多时间和精力投入乡村振兴上，用一片茶叶，点亮茶农的"共富梦"，让茶山变成了"幸福山"。

　　茶叶是政和乡村振兴的主要产业。杨丰认为传统制茶工艺是茶的灵魂，但创新才能让茶走得更远。他首创的廊桥式萎凋车间，将传统廊桥的光学和风学原理应用于白茶萎凋环节，既遵循了传统工艺，又实现了标准化。这一创新不仅提升了茶叶品质，还为当地茶产业树立了标杆。此外，杨丰还致力于茶文化的传播。2006年，他打造了一座集产、学、研、文、销、旅于一体的大型综合性观光工厂。后来他又创办了隆合茶书院，而且身体力行，著有《政和白茶》（中国农业出版社，2017年）。他以隆合茶业为平台，收藏了上万部地方志等典籍，打造了包含茶博馆在内的茶文化观光园，被香港企泰集团等知名企业定为茶艺培训基地。他还资助开办了政和县高等职业技术学校第一届茶艺专业，为该专业毕业生安排实习和就业岗位。通过举办茶艺培训、文化讲座等活动，传播茶文化，不仅提升了政和白茶的知名度，还带动了当地旅游业的发展，为乡村振兴注入了新动力。他依托非遗扶贫工坊，引导村民参与茶叶生产经营。通过"公司＋科研＋基地＋农业合作社＋农户"的帮扶模式，隆合茶业在农村招聘工人，解决农村闲置劳动力就业问题，收购茶青和农产品，带动农民致富。十多年来，杨丰的茶企在东涧、富美、铁山、锦屏等村庄直接带动600多户农民就业，解决就业1000多人，间接带动3000多户农民增收，2024年实现产值7000万元。

近十多年以来，隆合茶业累计研发特色白茶产品300多款，还引进了ISO国际质量管理体系，有效实施了国家有机标准。在杨丰的科学管理下，隆合茶业产品曾获得2007年南平市"茶王"奖、第六届国际农产品交易会金奖、第三届"东方神韵"杯中华名茶赛金奖、海峡两岸民间斗茶赛金奖、第五届"闽茶杯"金奖、第七届"闽茶杯"金奖。他本人也获得了南平市首批"特级制茶工艺师""国茶人物·制茶大师""百县·百茶·百人"等荣誉。央视一套、四套、七套栏目组和凤凰网、中新网、吉林卫视，以及福建电视台等电视媒体和杂志报纸多次对杨丰进行采访或栏目专访。

杨丰作为南平市政协委员，积极为茶产业发展建言献策，提出在

聚力"蝶变"
——政和乡村振兴故事

政和建设闽浙两省茶青交易市场，推动茶青市场标准化管理。他还整合隆合茶业旗下的茶产业、茶科技和茶文化项目，打造政和"三茶"示范。此外，通过隆合茶书院与国外相关文化机构合作，开展"以劳动换食宿"的游学模式，吸引了十多个国家的上百名志愿者前来体验，志愿者不仅学习了中国茶文化，还传播了中国茶故事。

随着政和白茶的市场占有率不断提升，2018年杨丰被授予福建省第四批非物质文化遗产代表性项目"政和白茶制作技艺"代表性传承人，隆合旗下的3座工厂，1000多亩茶园，被评为中国白茶十强企业、省级重点龙头企业，与中国茶叶博物馆联合出品的"相逢一席"白茶饼成为2016年G20杭州峰会期间元首接待用茶，"和合天下"白茶成为2018年第18届上合组织峰会指定用茶。

在政和采风期间，我还专程到中国白茶城"茂旺茶叶"公司看望老友杨茂旺。十年前，茂旺是政和茶叶的代表性人物，2015年，时任全国政协主席的李瑞环到政和考察茂旺茶厂时的题字——"政和白茶"就是最好的见证。茂旺冲了一泡他特制的老白茶"清水芙蓉"，顿时枣香满屋，气息清雅馥郁。汤色杏黄至琥珀色，清澈透亮。入口柔滑细腻，回甘生津，喉韵悠长，具有自然本味与岁月沉淀的独特风韵。接着又冲了一泡茂旺的红茶"福顺"，顷刻间满屋蜜香。琥珀色茶汤，入口醇厚甘甜。茂旺告诉我："福顺"产自2006年，是一款"熟茶"，采用独特的"过红锅"工艺制成，经多年集成，醇化为焦糖香、熟果香与蜜韵，层次丰富而细腻。"茂旺红茶"条索紧实匀整，色泽乌润，金毫显露。干茶香气浓郁，冲泡后叶底柔软红亮，均匀完整。"政和工夫"历史可追溯至清末，深受国内外茶友喜爱，远销海外，获"闽红之花""中红之骄"赞誉。政和继千年白茶得赐县名，又留下"百年工夫"的浓墨重彩。不知不觉已近凌晨，也许是茶的功效，大家都毫无睡意。茂旺见我们意犹未尽，又冲了一泡"茂旺花茶"，沸水高冲，香气充盈，汤色清澈透亮。入口齿颊留香，回味绵长，茶香与花香层次分明又浑然一体，茶坯鲜醇甘爽，清雅茉莉芬芳，花香茶味交融悠长。"茂旺花茶"以政和优质白茶、绿茶为坯，配以双瓣茉莉鲜花，经传统窨制工艺精制而成。茂旺茶叶的系列产品早年就得到社会各界的关注及认可，多次在各大茶赛事中获奖，尤其是在上海世博会上，分别荣获白茶类金奖、红茶类金奖、花茶类金奖。茂旺数十年如一日，坚持做中国最好茶叶，在他的不懈努力下，企业先后荣获"福建名牌产品""福建省著名商标""福建省地

白茶晾青萎凋（徐庭盛 摄）

政和长城村茉莉花基地（徐庭盛 摄）

聚力"蝶变"
——政和乡村振兴故事

理标志龙头企业""福建省农业产业化重点龙头企业""福建省第六批省级重点龙头企业"等称号。

乡村振兴的春风宛如一场甘霖,润泽着政和的每一寸土地,而茶叶无疑成为这片土地上最璀璨夺目的明珠,杨丰、杨茂旺等茶人引领着茶农踏上致富大道。曾经静谧安宁、几近被遗忘的山村,因茶产业的蓬勃发展而焕发出前所未有的活力。我们沿着铁山镇东涧村蜿蜒的山路前行,一座座大大小小的茶厂映入眼帘,茶旅融合成为政和乡村振兴的一道亮丽风景线,古朴的村落经过精心修缮,保留了原汁原味的乡村风貌,又融入了现代的舒适与便捷。错落有致的茶香民宿点缀其间,游客们从四面八方慕名而来,体验采茶的乐趣,感受传统制茶技艺的神奇魅力,为这片土地注入生机与活力。

政和茶叶,从历史的深邃长河中缓缓走来,携带着千年的文化沉淀与技艺传承,在现代科技的助力与乡村振兴的浪潮中扬帆起航、破浪前行。它化作一片轻盈的绿叶,承载着政和人民对美好生活的炽热向往与不懈追求,成为串联往昔辉煌、当下奋斗与未来愿景的坚实纽带。茶香袅袅飘溢四海,情韵悠悠传颂千秋。

翠竹奏响乡村振兴曲

◎吴衍连

车子沿着蜿蜒的公路驶向政和县外屯乡湖屯村,道路两侧连绵的青山覆盖着郁郁葱葱的翠竹。一阵风吹过,摇曳的翠竹仿佛碧波荡漾的海洋,连绵起伏,蔚为壮观。

来到湖屯村,首先映入眼帘的是横跨在河面上的几座廊桥。河道两岸樱花盛开,一树树鲜红在阳光下绚烂绽放,为两岸白墙的民居以及收割完的稻田增添一抹亮丽的色彩。

廊桥不仅是乡村交通的重要纽带,更是乡村文化的象征。湖屯村最与众不同的便是桥多——一条穿村而过的河上,竟横跨着5座桥。这些桥宛如一道绚丽的彩虹跨越溪流,成为乡村一道亮丽的风景线,也承载着村民们的日常出行与情感交流。在河岸的步道和桥上,许多村民在散步、赏花、聊天、议事。我加入其中,得知有几座桥是村民自筹建设的。他们特别提到一位捐资者——瑞祥竹业公司董事长范雪明先生。

思绪回到走访瑞祥竹业有限公司那日,迎接我们的是一位中等身材的中年男士,他身形匀称,面容沉稳,眉眼间透着成熟睿智,正是

聚力"蝶变"
——政和乡村振兴故事

公司的董事长范雪明先生。

在范总的带领下参观工厂车间原以为车间一定是车床轰鸣,铣刨火花四溅的场景。可当我们走进偌大的车间,却见到车间静谧尘嚣远,竹木清香淡淡来。

车间很大,但只有几个工人身着工作服,在各自的岗位上忙碌着。他们熟练地认真操作电脑,只见机器不断吐出一件件精美的家具部件。"匠意荧屏传妙艺,精品件件自然裁。"同行的诗友脱口而出。看我们有点惊讶,范总指着摆放的产品和挂在墙上的电脑给我们介绍道,公司主要生产竹+密度板等材料的小家具,拥有自主出口业务,

高林竹海(李福礼 摄)

年销售额近 1 亿元。近年来，公司在多个关键领域持续发力，每一个细节都精益求精。在设备数控化智能化上，通过引入先进的数控设备和智能化技术，大幅提高生产效率，产品精度和质量也得到了显著提升。同时，在管理软件使用和系统管理方面，2022 年 9 月公司借力中国电信，成功建设 5G 数字化全链接工厂。通过 MES 系统线上计划派工及 ERP 系统，有效解决了生产管理的核心需求，实现生产数据、生产过程、设备运营可视化，真正做到了降本增效，以 5G 数字化带动企业赋能发展。

聚力"蝶变"
——政和乡村振兴故事

"你们村几乎都是高楼,而且人气很旺,生活这么安逸,不像有的村只有几个留守儿童和孤寡老人。"同行的诗友向几位村民感慨。

"这得感谢村里的企业家!他们不仅自己事业有成,还带领村民致富,范总在这方面就是榜样。"村民带着敬佩的神情答道。

我不禁问起范总的创业经历。范总说大学毕业后,他做过许多工作,也赚了不少钱。可他每次返乡,看到乡亲们早出晚归,面朝黄土背朝天,辛勤劳作一天却收入微薄。望着后山的翠竹,他决心尽己所能,带动村民共同走向致富之路。

2010年,春暖花开的3月,瑞祥竹木有限公司成立。首先,在原材料选购上,首选家乡的竹子;针对公司的外贸定位,组建研发团队设计出一系列新颖独特的竹制家具和工艺品,从简约时尚的竹制桌椅,到造型别致的竹制摆件,将家乡竹资源的优势充分展现出来。如今,公司每天竹用量达70至80吨,不仅为家乡解决了竹资源销路,还显著增加了村民收入,让这片土地上的竹子真正成为名副其实的"黄金竹"。

在用工上,范总最先想到的是为了生计背井离乡的乡亲们。他深知乡亲们在陌生城市漂泊的艰辛,也明白乡亲们心中对家乡山水与亲人的深深眷恋。他优先召集乡亲们到厂里工作,根据他们的实际情况,将大家分配到最合适的岗位。

范总深知仅仅解决用工问题是不够的,更重要的是提升职工素质和能力。叶榅生是首批入职员工,刚到厂里时是粗刨车间主任,月薪仅1800元。范总见他好学上进,派他去北京学习。叶榅生珍惜机会,到北京后丝毫不懈怠,迅速投入紧张的学习中。在学习过程中,他接触到了行业内最前沿的竹制品加工技术和先进的管理理念,这让他大开眼界，也深感自己的不足。上课听不懂的地方他就利用课余时间向导师请教，和同学们交流探讨。不仅学习理论知识，他还经常到实验室里做实验，学习到深夜。功夫不负有心人，几个月的学习转瞬即逝，叶榅生带着满满的收获回到了工厂。他将所学的先进技术运用到实际生产中，对粗刨工艺进行了大胆改进，不仅提高了生产效率，还让产品质量有了质的飞跃。他还借鉴在北京学到的管理经验，对车间的管理模式进行优化，合理安排工作流程，充分调动员工的积极性。在他的带领下，整个粗刨车间的工作氛围焕然一新。范总从中看到了学习的重要性，之后不仅每年都派员工到北京、上海学习，还请知名教授到厂里现场教学。

随着能力的提升，叶榅生的薪资待遇也不断提高。更重要的是，在范总的鼓励和支持下，他逐渐成长为公司的核心骨干。如今，还拥有了自己的股份，并成立了华优竹木有限公司，实现了从一名普通职工到企业老板的华丽转身。叶榅生的成功，不仅是个人奋斗的典范，更是范总重视人才培养的有力见证，激励着工厂里的每一位职工努力奋进，追求更好的发展。

如今，工厂已有多个车间，职工超 200 人，他们都是来自家乡的父老乡亲。在宽敞明亮、电脑操控的车间里，大家齐心协力，各司其职。他们放下锄头，熟练地操作着各种机器，将一根根普通的竹子雕琢成一件件精美的艺术品。大家脸上洋溢着自信与幸福的笑容，他们在家门口实现就业，再也不用为了生计背井离乡。

"乡村学校是一个乡村兴衰的关键，一个村子若是没有学校，迟早是要消失的，更谈不上振兴乡村。"有人感慨道。

范总在事业有成的同时，始终心怀桑梓，将打拼所得反哺家乡，

聚力"蝶变"
——政和乡村振兴故事

尤其致力于家乡教育事业。他深知知识改变命运的道理,当他看到有的乡村孩子因为村里没学校,小小年纪就得跋山涉水到乡镇或城里的学校就读,许多家庭为陪读不得不举家迁移;更有甚至,一些孩子因为家庭经济困难,初中毕业就被迫外出打工,他内心深感忧虑。于是,范总每年投入20多万元作为教育基金,这是他为乡村教育事业做出的长远投资。这笔教育基金用于改善学校的教学设施,购买先进的教学设备,为教师提供培训机会,从而提升乡村的教育质量。此外,范总还毅然承担起资助乡村贫困学子从初中到高中全部学杂费的重任。

此时我想起上次在董事长办公室的橱窗里,那一排的荣誉证书格外醒目:上海外屯教育基金会第四届名誉会长;政和县熊山街道同心乡村促进会首届会长,政和县熊山街道商会首届理事会会长;政和县慈善总会第三届理事会理事……这些荣誉不仅是对范总的褒奖和肯定,更是他为乡村振兴不懈努力的见证。

从办公室出来,范总带我们参观新大楼——瑞祥众创空间。这里主要扶持年轻人线上创业,目前入驻的年轻团队已有好几家。一位女孩热情地邀请我们参观她经营的展厅。这里有琳琅满目的竹制工艺品,各种竹制家具、摆件有序陈列,它们或简约实用,或精巧别致,每一件都凝结着艺术与智慧。从聊天中得知,她的产品在线上销售,每天销往全国各地的订单如雪片般飞来。走出大楼,范总指着不远处一片机器轰鸣、挖掘机忙碌作业的空地说:"公司还将扩建年轻人的创业新天地,不久的将来,这里会是瑞祥众创空间新区,吸引更多年轻人来此逐梦。"他的眼中闪烁着对未来的憧憬与期待,那是对乡村振兴的坚定信念。

乡村需要像瑞祥竹业这样的领路人,它不仅带领着政和的乡村走向繁荣富强,同时还用自己的实际行动,诠释了乡村振兴的深刻内涵。

"我们该回家了。"一个声音打断我的思绪。此时一抹斜阳穿过云层洒落大地,回望湖屯村:连绵的群山中,翠竹在风中摇曳;天际之上,一群白鹭正振翅翱翔上空,它们向更远的远方飞去。

聚力"蝶变"
——政和乡村振兴故事

同源鲤鱼溪 文旅相媲美

◎唐颐

凡是被评上国家级的传统村落，一定有它的独特魅力。我以为，政和县杨源村的独特魅力可概括为"三个一"：一条鲤鱼溪，一棵古杉树，一曲四平戏，以及背后的故事。

我曾在周宁县工作过，那时便听闻，向西翻越一座洞宫山，就能看见可与周宁浦源鲤鱼溪相媲美的杨源鲤鱼溪。20多年过去，今日有缘来到杨源，果然名不虚传。

杨源与浦源，皆有一个"源"字，鲤鱼自然离不开源流，于是村名也不谋而合吗？不禁让人会心一笑。

两村的鲤鱼溪，皆长不过500米，宽不过丈余，从村庄中间穿流而过，聚集着成百上千条鲤鱼。鱼儿"闻人声而来，见人影而聚"，一旦听到人的脚步声，便鼓腮奋鳍，争先恐后而至。最有趣的是，两溪皆用光饼喂鱼。当你将光饼掰碎，贴近水面，鱼儿们便一拥而上，捷足者抢走饼块，吞咽之声喋喋可闻，后来者似乎心有不甘，吮吸你的指尖，让你赞叹与怜惜之情油然而生。

两条鲤鱼溪畔皆有鱼冢。浦源鱼冢坐落于两棵千年柳杉中间，杨

杨源鲤鱼溪（徐庭盛 摄）

源鱼冢位于一块天然岩石之下。它们的存在分明在昭示：这里的鲤鱼严禁捕食，这它们与村民一样平等，享受村民一样的待遇。

两村不仅形制相仿，古风习俗更是如出一辙。两村流传的故事，也一样古韵绵长。浦源村民多为郑姓，在溪中放养鲤鱼的习俗，始于南宋末期的郑氏八世祖晋十公。斯时社会动荡，人心不古，为了澄清溪水和防患投毒，故召集村民订立乡规民约，禁止垂钓捕捞，违者严加惩处。据传，他还故意唆使其孙下溪捕捞一尾鲤鱼，随即当众宣布其违约，鞭笞示众，以儆效尤。从此，护鱼之风，世代相传，距今已有800多年。

杨源鲤鱼溪的历史更加悠远。相传唐末黄巢率十万农民军攻打福

聚力"蝶变"
——政和乡村振兴故事

州,朝廷派福建招讨使张谨抵御,在政和铁山激战九天九夜,张谨兵败身亡于铁山脚下,朝廷赐封其为"英节侯"。次年,张谨长子张世豪携家眷前来政和扫墓,经过杨源村,见洞宫山麓千峰凝翠,万山含碧,堪为一处风水宝地,便随手拔下一棵小杉树,倒栽在山坡上,又让人抓来几条鲤鱼,放入坡下小溪中,心中祈愿:父亲在天之灵护佑,如果来年倒栽的小杉树能成活,溪中鲤鱼已成群,儿子就在此地结庐为家,为您常守墓茔。第二年清明时节,张世豪又来政和扫墓,看到倒栽杉不仅成活,而且生机勃勃;再看溪中鲤鱼成群结队,向他游来,张世豪惊喜万分,当即决定举家南迁,定居杨源。而今逾千年,终成张姓聚居的大村落。

浦源郑氏祠堂,已列入省级文物保护名录。据地方志介绍,浦源肇基祖郑尚,是宋徽宗的外太孙。他有天在一棵柳杉树下小憩,恍惚间梦见自己驾驶一艘大船乘风破浪前进,跟随者众多,金银财宝无数。醒来后立下遗愿,要在此处建一座宗祠,以柳杉树为"桅杆"。子孙遵嘱,在此初建了一座形似大船的宗祠,至明洪武十八年(1385),郑尚第八代孙晋十公终于完成了先祖遗愿,拓展宗祠规模并提升形制规范。之后经历多次修缮与扩建,形成五进五厅、一戏台、四天井、八厢房的格局,飞檐歇顶、凤池藻井,流光溢彩,布局恢宏,成为闽东现存最完整的宗祠之一,素享"八闽十大最美宗祠"之一的美誉。

杨源英节庙始建于北宋崇宁年间,为祭祀追封为"英节侯"的张谨而建,也已列入省级文物保护名录。英节庙规模虽小于郑氏宗祠,但其戏台的气派和精致足可与之媲美。每年农历八月初六张谨主帅和二月初九偏将郭荣的生辰,四平戏都会在英节庙连演三天三夜。而这两场庙会的热闹隆重氛围堪比过年。上午,众人抬出英节庙内的祖先

流传数百年的杨源新娘茶（徐庭盛 摄）

像，于村内村外巡游，神铳开道，锣鼓喧天，村民与四平戏演员一起跟随其中，登上桃花岛祭祖堂，恭行祭祖大礼，唱戏娱神。祭祖结束后，众人再将祖先像抬回英节庙，最后以一场紧张激烈的冲庙仪式落下帷幕。

浦源的古树名木，除了郑氏宗祠那棵充当"桅杆"的古柳杉树，还有屹立在鱼冢旁的两棵千年柳杉树，它们被称为"鸳鸯树"。相传这鸳鸯树生前是一对恋人。仙女下凡，爱上浦源一位善良淳朴的青年男子。天帝不允，遣雷公电击青年，仙女双臂环抱恋人，和他一起被雷公击中，而后化为两棵缠结相依的鸳鸯树，永远相守不离。

杨源的倒栽杉堪称形神兼备。那座山坡古杉成群，郁郁葱葱，皆枝丫朝上生长，唯那棵倒栽杉枝丫向下，卓然特立，恰如一位久经沙场的老帅爷率领众多青春焕发的军士，在此排兵布阵，保境安民。

一个古村落的文化底蕴最为珍贵。浦源村的鱼祭仪式和杨源村的四平戏，同样被列入"非遗"目录，便是明证。

浦源村民将鲤鱼奉为神明，偶有鲤鱼亡故，便尊长主持鱼祭仪式，将鲤鱼供奉于鱼冢前，诵读祭文后，再将其安葬于鱼冢之中。自古流传下来的祭文有多个版本，内容大同小异，都十分精彩。试举祭文中常用的两个典故："纵来吕尚，不敢垂纶；倘莅冯驩，空劳弹铗"——即使姜太公（吕尚）善钓鱼，也不敢到此下竿垂钓；战国时冯灌（孟尝君食客）曾弹剑高歌，但若到此处，恐怕也要空自弹剑，无鱼可求。真是文采斐然，夸张而风趣。

四平戏是杨源人的魂。2006年，四平戏被列入国家级非物质文化遗产名录。四平戏于明朝中期自江西传入，与当地唱腔融合而成。其主要特点是无曲谱，沿土俗；古朴粗放，句末众人帮腔；后台仅此锣、鼓、钹、板四种打击乐器伴奏。其表演古朴精湛、唱腔激越高亢，诙谐中别具一格，特别是前后台和唱，堪称戏坛一绝。中国戏曲界曾长期认为四平戏已失传，直到20世纪80年代，戏曲工作者在杨源村发现四平戏不仅存在，而且保存得极为完整，专家们欣喜若狂，惊呼这是"中国戏剧活化石"。

传统村落需要保护和提升，也需要相互借鉴和联合，使之在当今文旅产业潮流中更加健康和蓬勃发展。可喜的是，杨源村围绕自己独特的"三个一"，虚心学习"邻居"的好做法、好经验，同时避免旅游资源同质化，使其文旅魅力如同一股清流，流入游客心田。

古村落的修缮与提升增强了古韵。近些年，各方共投资近千万元，对140多幢明清时代古民居修旧如旧。整治鲤鱼溪，修建沿河廊桥，放养不同品种的鲤鱼，让天光云影映照五颜六色的彩鳞，让古韵似乎有了灵动感。倒栽杉景点搭建起观景平台，古朴简约，并与凤山茶盐古道相连接，让游客俯瞰古村全景之余，沿着古道漫步，感受历史沧桑变迁。

旅游设施的改造与配套增强游了客体验感。杨源村新建了游客服务中心，新增了景点标识等设施，特别是民宿的发展，吸引了许多回头客。那天，我们那天考察"宿源"民宿，听陈老板介绍，暑期是旺季，许多来自福州、宁德的游客，携家带口，一住就是一个星期。他们特别享受这里"18摄氏度夏天"和清新古朴的生态人文环境。对政和与周宁鲤鱼溪的评价是"同源鲤鱼溪，风韵各不同"。

文化的挖掘与传承让古村落有了精神支柱，也让游客印象深刻。杨源村是四平戏传承地之一，每逢农历二月和八月，村里都要演出四平戏三天三夜，世代沿袭。现今，村里对戏院进行了改造，经常举办展演活动，并与"新娘茶"习俗结合，打造"品新娘茶，赏四平戏"旅游文化品牌，吸引众多游客感受古腔古韵与高山茶文化的魅力。

2024年5月11日，政和县"农信"杯"亿年龙鸟，最美风景带"村跑活动在杨源村鲤鱼溪畔鸣枪开跑，吸引了福州、宁德和浙江瑞安、龙泉、庆元等多地300多名选手参加。体育运动携手文旅经济共同发展的活动，上了热搜，又一次提升了杨源村的知名度。

聚力"蝶变"
——政和乡村振兴故事

只此青绿，不止青绿

◎袁瑛

逃离喧嚣纷扰的地方就是好，空气干净得奢侈。竹林的每一个角落似乎还储存着儿时的遐想，日出日落是诗，风吹风住是诗，伐竹运竹也是诗，曾经那么渴望走出大山，"遍体鳞伤"之后才有了痛彻的醒悟——能够卸下疲惫、容纳悲喜、安放灵魂的永远是故乡。

吴发昌蹲坐在故乡的竹山上，捧起一抔乡土，嗅着熟悉的味道，然后望向远处连绵的群山，静静地思索，回想着过往。这些年，他远离故土，独自在外跑业务，吃了多少"闭门羹"，受了多少冷眼和不屑；睡了多少硬板床，咽了多少残羹冷炙；淋了多少暴雨，晒了多少骄阳；跑了多少里程，磨破了多少鞋，脚后跟起了多少茧；挤了多少班公交车，尝了多少辛酸苦楚，隐秘的心事早已结成了青苔，他想听从故乡的召唤，渴望让禁锢的心挣脱出来。

天上浮云蔽日，春雷乍响，栖居在芳华深处的心，早已按捺不住在蛰伏中窥望的悸动。他知道竹子正在静静地拔节，准备着脱胎换骨。"4年3厘米"的定律考验的不仅仅是竹子，更考验着人生，考验着此刻的他。有多少人能够熬过3厘米的成长期？正是这4年的"厚积"，才有而后每天30厘米速度的开挂飙升。

饱饮雨水的毛竹长势喜人，它似乎知道自己的使命……大自然给予人类巨大的馈赠，却受到世俗之见无情的轻慢。雨打竹林，湮没了谁的叹息？有一个声音似乎在召唤："回来吧！回来吧！你将成熟，生活的困顿将随风而逝！"

"是啊，毛竹生长快、成材早、易繁殖、易栽种、投入小、产出大，全身都是宝。竹根可做根雕，竹子可做家具、茶盘、工艺品等，竹尾巴可做牙签，加工时产生的粉末可做成竹炭……它还能为中国的碳达峰、碳中和贡献力量！"雨后清气入体，浊气排空，让吴发昌的思想变得通透，内心变得清澈，莫名地感恩竹林。一个盘桓许久的念想逐渐浮出脑海，不再动摇。

2014年吴发昌注册成立了福建省九竹工贸有限公司。公司的命名颇具深意。在传统文化中，数字"九"被视为阳数，且是单数中最大的数字，象征着无限大或无穷无尽。他想把这份事业做到最大、做到最强、做到极致。

会客厅里袅袅升腾的茶气与公司标识祥云的祥瑞之气氤氲交融，高低俯仰的两截竹挺立于天地间，两片竹叶宛如蜻蜓的绿翅，在政和的暖风里翩跹起舞！

起初，公司的总部设在政和县鹤林工业园区，后来这个占地50亩的产业园区已经容不下这双飞翔的羽翼了。疫情倒逼之下，吴发昌敏锐地嗅到了线上销售的商机。直播红利带来爆发式增长，企业发展势如破竹。公司分别于2020年、2021年、2023年和2024年成立4家分公司，致力于竹产业创新发展。

孤陋寡闻的我，若不是亲眼所见，怎能想象一个仅有10年创业

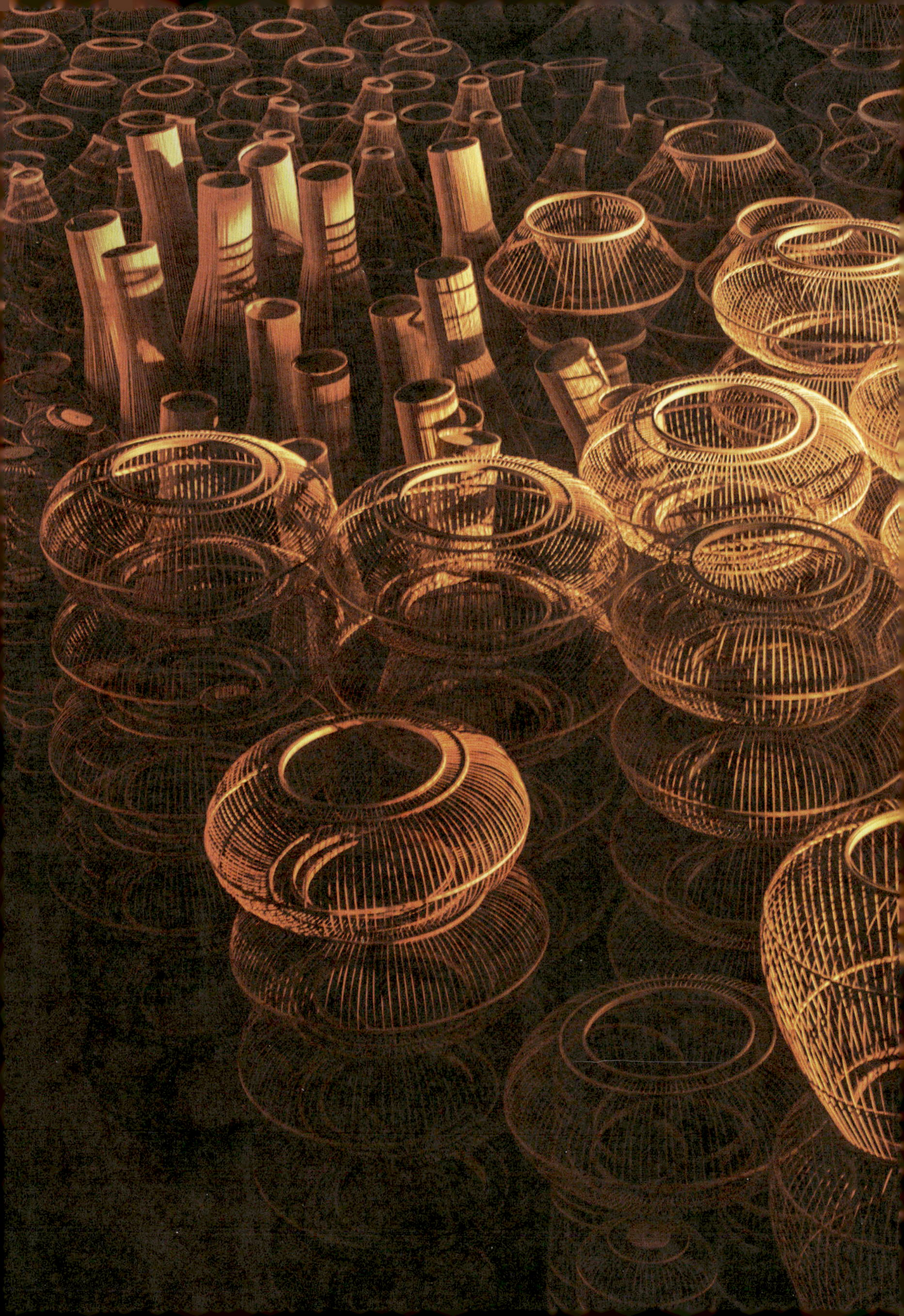

竹灯笼（林华 摄）

聚力"蝶变"
——政和乡村振兴故事

史的新兴企业,能把竹茶盘、竹制茶水柜产量做到全国第一?怎能想象公司的专利有100多项,年产值过亿,不仅带动当地农户增产增收,还让更多的中年人留乡就地就近就业,甚至反哺社会、帮扶当地年轻人创业?怎能想到因受疫情致困的企业,能与时俱进华丽蜕变,在时代的春风里呈现出如此光彩夺目的风姿?怎能想到这位谈吐机敏、态度谦和的80后老总,展现出的与年龄极不相称的成熟、稳重与举重若轻?

巴菲特的投资理论被无数人认可:"如果我们能坚持做一件事,哪怕回报慢点,但由于时间复利,长期而言,其实带给自己的仍是高回报。"正是带着这样的信念,吴发昌以强烈的使命感和清醒的责任意识,携十年发展的雄风,在政和县"竹产业生态链"的托举下,解

九竹茶具(余长青 摄)

锁了乡村振兴的密码。

走进九竹工贸的厂房,机器轰鸣声此起彼伏。工人们熟练地对竹子进行切割、加工、拼接,把它变成一件件精美的竹器。一位正在打包产品的年长女工不无满足地对我说:"以前闲在家里无事可干,现在在家门口就能赚钱了!"吴发昌接话道:"是啊,竹子以前只是山里的寻常物,现在变成了咱们的绿色银行。"语气中满是欣慰。

走进产品的展示厅,我看见几个年轻人正在直播带货。吴总感慨地说:"直播红利让我们站上了风口,但真正让我们飞起来的是政和竹子的品质和故事。"我在如峡谷般蜿蜒的货架间漫步徜徉,简直就像一个天真的小孩无意中闯进了异域世界。造型各异的竹茶盘被时尚、国风元素的图案装饰点缀,带着文明的基因,承载着国人的审美情趣和人文之思。那靛蓝服饰的古典美人侧颜,那精致奢华的烫金孔雀翎羽,那唯美梦幻的璀璨星空银河,那日出江山的渔人泛舟江渚,那艳若桃李的佳人低眉弄姿。当你在泡茶时,器物的实用价值不减,无用之用的精神火花还能给人提供情感的归属和身份的认同。

近年来,竹制家具以其自然淳朴之风在许多国家流行,吴发昌已经把业务拓展到了国际市场。那些静默的竹器正等待着书写崭新的故事,或许是在巴黎左岸的咖啡馆,或许是在东京茶室的禅意里。当异国的手指抚过竹纹,触碰到的将是闽北群山竹海深处的心跳。

竹子用途极广,自古就和中国人的生活息息相关。《东坡集》如是说:"庇者竹瓦,载者竹筏,书者竹纸,戴者竹冠,衣者竹皮,履者竹鞋,食者竹笋,燃者竹薪,真所谓一日不可无此君。" 文人之所以爱竹,还因为竹具有"固""直""心空""节贞"君子品格。"竹质固,固以树德。竹性直,直以立身。竹心空,空以体道。竹节贞，贞以立志"，这是唐代诗人白居易对竹之品格的赞美。

行走在政和这座千年古邑，你会觉察竹韵竹性早已在不经意间融入了城市的性格。

从空中鸟瞰，这里竹林深秀，山川秀美，眼底犹如展开一幅巨幅的青绿山水画卷。村庄、街道、廊桥、建筑被浓郁的青绿深蓝簇拥，多了一份沉稳和内敛。

从民居寻踪，竹制家具用品质感光滑细腻，传统意境和现代工艺的结合充满雅韵禅意。它点缀了千家万户祥和安宁的光景，让人如会山林，如坐草木。

政和曾是国家级贫困县，但物质生活的清贫并未催生政和人精神的矮化。

在血与火的年代，杨则仕、陈贵芳等一批英雄人物宁折不屈、不怕牺牲，抒写了"革命理想高于天"的红色传奇，将"红旗不倒"的革命精神镌刻在政和的广袤大地上。

在中国特色社会主义新时代，吴发昌、梁东、廖志娟等"出彩政和人""新政和人"扎根这片"营商沃土"，热忱满怀地奋斗，用大爱为自己和行业迎来了飞驰的人生。

这里是国家级非物质文化遗产四平戏的传承地，喑哑的唱腔与独特的念白，吟诵着悠远的岁月。古韵中传承着醇厚的民俗民风。

这里是朱氏入闽首站地、朱子祖居地、先贤过化之乡，朱熹在此讲学布道、教化乡民。朱子之道万古长青，书院文脉生生不息。

这里还是廖俊波先进事迹的主要发生地，廖俊波曾主政政和4年多，足迹遍布全县1745平方千米的土地，当事不推责，遇事不避难，扑下身子、苦干实干，办好一件件实事，把党的方针政策落实到基层和群众中，竹帛之功足以传世。

这里更是钟灵毓秀、人文渊薮的政通人和之福地，吸收了传统文化的丰沛营养，根深蒂固；嫁接了异域文化的精华，枝繁叶茂。它的博大、丰赡、包容，塑造了清新敦厚、坚忍不拔的政和性格。

离开前，政和县作协主席李隆智陪同我们参观了云根书院。站在山巅眺望政和的这片青绿山水，我感觉竹子的灵魂正在晨雾里苏醒。当山风拂过耳畔，我仿佛听见篾刀破竹的脆响，直播间的数据流滚动，这些声音正在编织新的年轮。那是政和人奋斗的脚步声，是乡村振兴在新时代的号角！

春风所度，无远弗届，在欣欣向荣的乡村振兴进程中，我真切地感受到政和这座魅力之城的强劲律动。这律动，来自连绵起伏的青绿竹海，来自扎根乡土、奋发有为的"出彩政和人"，来自政和人民对美好生活的执着追求。

只此青绿，不止青绿。政和的"青绿"，不仅是令人心旷神怡的自然风光，更是蕴藏着无限希望和活力的发展底色。

竹下忘言对"白茶"，全胜羽客醉流霞。

聚力"蝶变"
——政和乡村振兴故事

稠岭素菜宴

◎ 何英

说到宴席，连幼童都不觉得稀奇。

在稠岭，村民迎宾接客用的是"素菜宴"，却让我感到好奇。

传承千年的餐饮文化里，古人在风雅盛宴中抒发情感的"盘飧市远无兼味，樽酒家贫只旧醅"，便是历史的见证。

老村干张先生，为了助力乡村振兴、推进新农村建设，用村里种植的高山蔬菜，辅以传统的烹饪手法，竟大获点赞。于是，稠岭的招牌"素菜宴"便应运而生。

在这桌丰盛的素菜宴中，除了本地盛产的当季蔬菜之外，还有应季节性在山间田头采摘的野菜。

一

春季到稠岭，万物复苏，满目清新扑面而来。

这时的素菜宴，主要有农家头年冬季种植的晚熟芥菜、花菜、萝卜、芹菜、大蒜、芋仔、大薯等。

若天气晴暖，可以采摘刚冒芽的苦菜、虎杖、蕨菜、甜菜、水花生、野生芹菜（当地人称"甜菜"），还能品尝到用野生的鼠曲草制作的传统米糕等。

春季稍晚些时候，有南瓜叶、地瓜叶等。在这时，可以采摘野生的虎杖、蕨菜、苦笋、春笋等。采得多时，可以晒干备用。

这个季节里的高山蔬菜，随意烹煮，均是都市人喜好的上等食材。

但是，野生芹菜、芋仔煮南瓜叶、大薯、苦菜、虎杖、蕨菜、水花生的烹制，看似简单却另有讲究。

野生芹菜：富含胡萝卜素、蛋白质、维生素 B、碳水化合物等。从保健的角度看，有利尿、降压等功效，清洗后可清炒或配腊肉、蛋类烹饪。若保留叶片，略带微苦，食疗效果更佳。

芋仔煮南瓜叶：对痢疾、疳积有一定调理作用，富含叶绿素。关键在于，采摘后要轻轻地把叶和秆表层那毛茸茸的筋撕掉，清水冲洗后，在石板或菜板上搓熟切细。把芋仔煮熟后，再下锅煮开放盐即可。否则，没有搓熟的南瓜叶会有涩味。当然，芋仔和南瓜叶的比例可根据个人的喜好调整。

大薯：属于淮山品类，含丰富的蛋白质和微量元素，纤维素含量高，有助于促进人体消化吸收，对清理肠道具有较好的作用。大薯在生长过程中对土壤的要求特别高，必须种在松软、肥沃且无污染的土壤中，无须人工浇灌，依靠自然雨水即可。一般情况下，不易受虫害的侵蚀，无须施用农药是绿色食品。在烹饪时，刮去皮后可蒸、焖、炒、煮，且只需加盐不用油。当然，大薯也有糯性和黏性之分，可按个人喜好选择。

苦菜：一种非常传统、随地生长的野菜。在稠岭被称为"苦菜

稠岭素食宴（徐庭盛 摄）

婆"。在南方地区，可种在花盆里。它口感独特，有清热解毒的功效，含有多种对人体有益的天然活性成分，能有效抑制和杀灭多种细菌，有一定辅助抗癌作用。不过，在中医的传统辩证治疗中，寒性体质的人需慎食。食用时，加适量的盐，可炒煮汤、氽水或后凉拌食用。

虎杖：具有利湿退黄、清热解毒、散瘀止痛、止咳化痰的功效。在农村地区的水田边、江边、山谷和山涧林下，但凡识得它的人，总能寻见其踪迹。它对水分的要求比较高，民间又称酸筒杆、花斑竹、阴阳莲、活血龙等，根茎均可入药。民间称其为"痛风克星"，劳动中若有摔伤或跌打扭伤，可将其捣烂敷于患处。值得一提的是，它的树龄越大，颜色越深，茎围越粗，药用价值也越高。

蕨菜：一种营养丰富、南方地区常见的野菜。它具有润肠通便、解毒的功效。含多糖类物质、类黄酮和丰富的维生素，可以帮助降血糖、增强人体的免疫力、提高血红蛋白含量。可根据个人的喜好，或炒或烧或凉拌，配以适量的蒜蓉、酱油等调味，还可以作为饺子馅。值得注意的是，春季采摘期非常短，一旦嫩芽冒出地面二三十厘米、未长叶时就得采摘。此外，蕨菜是性寒的食物，脾胃虚寒者慎用。

水花生：民间称空心莲子草，是清热解毒的凉药。对代谢不畅引起的肿胀、口舌生疮、咽喉肿痛有较好的辅助疗效。含有糖分、脂肪、蛋白质和黄酮类、有机酸物质，可促进消化酶分泌、降低血压和血脂。

二

夏季里，稠岭的素菜宴不仅因品种丰富而诱人，更因气候宜人而舒爽。食用本地产的蔬菜瓜果，倍觉身心熨帖。

在这个季节里，家常菜多为早春种植、此时收成的，有土豆、四季豆、豇豆、苦瓜、南瓜、苦麦和红苋菜等。

勤劳的稠岭人，还会将冬季种植的蔬菜晒成干菜或制成腌菜，煮时按品类浸泡，适当用食油或炒或焖或氽汤，便成了可口、新鲜美味的素菜宴了。

特别值得一说的是苦麦菜和红苋菜。

苦麦菜：与菜市场里的油麦菜、莴苣是"堂兄妹"。味苦、性寒凉，不受病虫侵害。后来因外来蔬菜品种增多而逐渐被代替，却因

聚力"蝶变"
—— 政和乡村振兴故事

稠岭素菜宴

稠岭梯田风光（徐庭盛 摄）

好种易管，一直保留至今，成为人们追捧的绿色食品。苦麦菜含丰富的植物蛋白质、氨基酸、胆碱和矿物质，可以调节体温、抑制体内致病菌生长，起到清热解毒的功效。烹制中，将苦麦菜洗净切段，随意翻炒即可。当然，口感较敏感的人，可用水氽或稍稍搓揉后再炒。

红苋菜：民间也称鲜菜、咸菜等。原产中国、印度及东南亚等地，如今已遍布全球。它属一年生草本，茎粗壮，茎色绿或红，长出地面后常分枝，幼时又分有毛或无毛。口感软滑菜味浓，入口甘香。含蛋白质、脂肪、糖类及多种维生素和矿物质等，易被人体吸收，贫血和高血压患者可适当多吃，有助于强身健体。

此外，在这个季节里，村民还可以采摘野生当归花和深山老林里的野生菌菇，或鲜炒，或煮汤，或晒干储存。

三

秋季到稠岭吃素菜宴，当季的菜有冬瓜、南瓜、丝瓜、苦瓜、佛用瓜、八月瓜、老虎豆、地瓜叶等。值得一提的是，这个季节除了地瓜叶、红苋菜之外，其他带叶的蔬菜相对较少。此时，正值冬季的蔬菜的播种季。当然，这时的素菜宴，还有村民自制的地瓜粉丝、黑豆豆腐、糍粑、苋菜干等食材，以及天然的野生菌类。在乡村享用糍粑，虽然一年四季均可，但在稠岭的传统生活中，这个季节是家家户户都做糍粑的时节。

此时，最让游客感到新鲜的是八月瓜和老虎豆。

八月瓜：因每年8月前后成熟而得名。它是既可当作水果，又可当作蔬菜的食物。成熟时果皮金黄且自然爆裂，故又称"八月炸"。

它含多种可溶性果糖、淀粉、碳水化合物及人体所需的微量元素。性凉味苦,具有理气活血、解毒、利尿、止痛、疏肝益肾和健脾胃的作用。

老虎豆:种子形如肾脏,颜色为白色与褐红色相间,稠岭民间认为它是一种补肾的食材。含丰富的维生素、淀粉、蛋白质、矿物质等营养物质,具有强身健体、健脾益胃、壮阳壮腰、促进减肥、减脂降压、利尿消肿的功效。在种植过程中不易受虫害,种植简单且产量高。未成熟时,表皮有一层毛,部分人接触后易引发瘙痒,需待成熟后采摘。通常情况下,采摘后要在锅中煮熟后捞起,剥去外皮后用清水浸泡两三个小时后捞起晒干。晒干后,常年收藏,不易长虫变质。食用时,再按照需求浸泡处理。

当然,这个季节也有山上的野生菌可采摘食用,不过,需凭借丰富的经验鉴别。

稠岭冬季的素菜宴,除了当季的蔬菜之外,还有魔芋、地瓜、萝卜、笋干、南瓜和蕨菜干等食材。

魔芋:冬季的特色食品。含有多种氨基酸、矿物质和微量元素和丰富的膳食纤维,能够促进肠道蠕动,润肠通便,还具有控制血糖、辅助减肥、预防心脑血管、增强免疫力及辅助防癌等功效。

此时,豆腐煮香菇汤、以秋季晒干的牛肝菌勾芡做羹,皆是当地特色。值得一提的是,牛肝菌清洗浸泡后,用大薯或山药煲汤,滋味极其鲜美。

此外,到山上采摘金樱子、野草莓、猕猴桃等野果,用白酒浸泡成保健酒,再配上农家酿造的传统米酒、自制辣椒酱,佐以素菜宴,便是一顿让人难以忘怀的美味佳肴。

采访中,曾担任过两届的老村支书张先生说:"今天的稠岭素菜宴,在推进新农村建设中,不仅让游客吃到在都市少有机会品尝到的纯天然食品,还让村民在家门口找到了参与美丽乡村建设的自信,真是一举两得啊!"

悠悠高山梦　醇醇美椒情
——湘源村高山蔬菜侧记

◎吴长有

倘若你从未到过政和的高山乡镇，那么，你很难真正理解"高山蔬菜"为何物。

适逢隆冬时节，从政和城关驱车一小时下高速，再沿着蜿蜒盘旋的盘山公路行驶约15分钟，翻过一道山岭，才听到陪同前往的驻镇前镇湘源村第一书记小杨说："到了。那就是湘源村。"

走出车门，一股凛冽的寒风扑面而来，尽管穿着厚厚的羽绒服，我还是缩了缩脖子，不禁打了个冷战。

放眼望去，湘源村群山环绕，散落于山脚的洋楼尤为显眼，明丽的外墙色彩映衬着屋后的青山，宛如一幅幅出自石涛笔下的山水画。

几位村民向我们走来，小杨分别做了介绍。和我握手的正是今天要采访的镇前镇高山蔬菜专业合作社理事长、湘源村党支部书记张善洪。他不到50岁，身高1.6米上下，方形脸，小平头，给我的印象是稳重、干练和敦厚。

走进村委办公室，各自落座寒暄几句后，我就开门见山、直奔

聚力"蝶变"
——政和乡村振兴故事

主题。

从资料介绍入手,无论文字内容,还是数据说明,并逐一核实。最后我问道:"从2009年返乡种植杭椒至今已14个年头,你最为难过的事是什么?最为高兴的事又是什么?"

他听了先是一愣,而后很认真地看着我,稍加思考后站起身说道:"吴老师,这两个问题我先不回答,你看这样好不好——我带你去逛逛我的'菜园',亲自感受一下?"

"好极了!这正是我想要的!"与其在办公室里一问一答,还不如到实地去看看,边走边聊,更能获取第一手材料。

没过几分钟,车便在一座山垄里停下。

"这是芳坑垄,面积有60亩,主要种植杭椒。"走在前面的社长转头说道。

"杭椒不是种在旱地吗?这些水田……"看着整垄梯田都浸泡在清澈的山泉里,我不禁疑惑地问。

"这里今年种白玉豆,明年改种杭椒。"对我的疑问,他还是不回答,却把目光投向山脚。那里是两山之间夹着的一条沟壑,一股山泉正汩汩地从沟壑里流出、注入梯田。每一丘梯田依山顺势层叠交错,泉水自上而下依次流动,一眼望去,宛如一道道微型瀑布,在冬日的暖阳里幽缓地弹拨着古老的七弦琴,声音很是柔美恬静、舒缓安适。

须臾,他收回目光,看了一眼小杨,转而对我说道:"土壤和人一样,也需要喝水、洗澡。既然是洗澡,那就肯定要洗去身上的污垢——比如淹死土里的害虫,稀释土中的盐分,同时让耕作大半年的土地休养生息,等浸泡一段时日之后,再将水全部排干、晾晒,为来年播种做好准备。"

悠悠高山梦 醇醇美椒情——湘源村高山蔬菜侧记

高山杭椒（李左青 摄）

"杭椒的种植条件很苛刻吧？"在返回车上时，我忍不住又问了一句。

"是的。尤其是气候、环境。"他说，"我们湘源村属于高山区，拥有独特的'二元'地理气候和良好的生态环境，海拔在900米左右，纬度处于27°08′至27°09′之间，年均降雨量1700毫米，年均气温13.9℃……你也看到了，湘源水源充足，土壤肥沃疏松，排水性良好，这些都是种植高山蔬菜的必备条件。我们村引进杭椒，

聚力"蝶变"
——政和乡村振兴故事

就是为了让它成为市场上的最佳供品,杭椒的佼佼者。"

有关政和高山的气候、环境,我早有耳闻。这里冬天可以赏冰雪,夏天昼夜温差大,白天不用开空调,夜里还要盖被子,种出来的粮食作物都是餐桌上的精品,而且今天更是亲眼见这里的山水,还有路上遇见的那只低空盘旋的苍鹰。

"这就是富洋垄,也叫齐家洋垄。"在路过一个山坳时,张善洪理事长放慢车速,"别看这儿面积小,才40亩,可每亩产量却有5000斤。今年一斤平均价7元,一亩产值3.5万元……是名副其实的富洋。"说这几句话时,他脸上流露出了一丝喜悦和满足。有耕耘就有收获,梦想与现实有时就是如此简单。

到了一百仓,几个农民正在忙着"烧荒"、整地作畦,见理事长来了,他们一点都不意外,没停下手上的活,而是一边干活,一边打着招呼。离开时,理事长再三交代,翻耕前一定要按比例施足腐熟厩肥。

"放心吧!我们知道,你不给它吃好、吃饱,它就不给你出早、出好!"一个社员幽默地回答着,其他几个"嘿嘿"地笑着。爽朗的笑声随风在山垄里回荡。

时间已近中午,气温略微升高了一点。我解开围脖,站在外洋区180亩杭椒种植基地面前,顿觉视野开阔,心胸舒展。一上午我走过了芳坑垄、齐家洋、一百仓、上暖溪……它们如同藏在"深闺"里的"小家碧玉",坐拥着得天独厚的地理环境,可与外洋相比,视野却远不及此开阔!

我想,待5月来临,外洋这片辽阔的土地上,杭椒一畦连着一畦,一丘挨着一丘,随着清亮凉爽的微风吹过,定会泛起绸缎一般丝滑的粼粼碧波，其间着点缀穿红着绿、头戴箬笠社员们采椒剪影，该是怎样唯美的画面？还有，他们在劳作之时，是否也会一时兴起，此起彼伏地哼起那首古老的《采椒歌》？

小杨说，会的，5月来，5月的湘源最美。

回到湘源村，已过午后。

张书记安排我们在他家用餐，享受最高的待遇——家宴。

他亲自下厨，特地给我们炒了三道杭椒美味：一盘纯生煎杭椒，一盘杭椒炒牛柳，一盘杭椒炒鸡丁。

望着桌上色香味俱全的三道菜，我顾不上斯文，举着筷子，夹起一根翡翠一般的菜椒送入口中——果然和张书记说的一样："我们这个辣椒随便炒都好吃，口感鲜嫩，入口即化，吃到嘴里感觉不到皮。"确实好吃！

饭后，张书记接了一个电话，说村里有事，不便久陪。道别时，他不停地挥着手对我说："吴老师，等明年5月杭椒开园，再请你来我家做客。那时，无论走到哪儿，都会触发你创作的灵感。"

"下次来我要住上一个星期，在湘源村慢慢游赏，好好品尝，用诗语来描绘它。"

返回县城时已是傍晚时分。躺在床上，我才想起，上午向张书记提出的两个问题，他一个都没有回答。不知他是忘了，还是不想回答，或者是他刻意把答案隐藏在行程中，让我独自去悟？

正当思绪飘远时，手机里传来了信息提示音。打开一看——是张善洪发来的一条消息：

"吴老师，上午你问我的两个问题，当时我真的无法用三言两语回答。说实话，从开始步入高山蔬菜这一行，风风雨雨，走过了十几

聚力"蝶变"
——政和乡村振兴故事

杨源乡高山蔬菜（余长青 摄）

个年头，从来没有人向我提过这样的问题。晚上回到家静下心梳理了一番，整理成文字，现在发给你，算是我对你的回答吧。

"1998年，我从建阳卫校毕业后回到家乡当了17年乡村医生，其中的苦与乐就不必说了。

"到了2009年，村里的父老乡亲种植小米辣，采收时却无人问津。为了帮乡亲们找销路，我多方打探、联系，最后小米椒卖出去了，我也因此和辣椒结下了不解之缘，并开启了我的梦想之旅。

"最初几年，我在市场里摸爬滚打，独自打拼。后来逐步形成规模，成立了'政和县峰兆农业专业合作社'，规模从最初的200亩，扩展到今天的600多亩，蔬菜产业直接辐射三个乡镇。合作社带动全村，解决当地 160 多名务工人员就业。这些年，高山蔬菜合作社先后获得了'省级优秀合作社''省级巾帼示范社''省级副食品调控基地'等一连串荣誉。我个人的综合素质更是得到了极大提升。2023 年，我参加了'福建省领头雁'培训，还连续两年被授予'政和县优秀共产党员'及'致富带头人'等称号。

"早年从医，最快乐的事是看着病人经我医治后恢复健康。如今转行高山蔬菜种植，行业不同，但道理一样：产业发展了，杭椒畅销了，村民富裕了，我也就高兴了；相反，如果经济效益不好，社员利益受损，我还能高兴得起来吗？

"无须否认，种植杭椒，最初确实是为圆自己的梦。后来，是为了圆家乡的梦。听了这话，也许你不会相信，认为我说的是大话、假话。

"此刻，我像往日一样站在自家阳台上，望着村里新建的几座楼房和从玻璃窗内透出的灯火，心里特别温暖……"

读完这些消息，我沉思良久，似乎从中找到了写作这篇稿子的感觉。尽管此行有些遗憾，走了一趟湘源，却没能看到一棵杭椒苗的身影，但此时，我的脑海已莫名被杭椒"刷屏"，鼻端也萦绕着杭椒的味道。

聚力"蝶变"
——政和乡村振兴故事

新时代的小康村

◎戎章榕

甲辰初秋时节，再访新康村。首次到访是在三年多前，应南平市委统战部之邀，采写省各民主党派、工商联 10 年帮扶政和的业绩，三天走访了政和 10 个乡镇（街道）。新康村位于澄源乡，彼时乡党委正在新康村举行活动，尽管行程仓促，但对这个村仍留有印象。此次再访，更深化对新康村的认知。新康村犹如深山里的一颗璀璨明珠，在新时代的阳光照耀下，正熠熠生辉。

新康之难

新康村原名新坑口，是革命老区基点村。地处闽浙两省四县接合部，东与宁德市寿宁县交界，南与宁德市周宁县毗邻，北与浙江庆元县接壤。作为政和县最偏远的一个村庄，距离县城足有 70 公里。在革命

新时代的小康村

新康村全景（吴金霖 摄）

战争年代，粟裕、叶飞、左丰美等老一辈革命者都曾在这里留下过战斗足迹。正因为山高林密、交通不便，中共寿政庆中心县委当年就设在新坑口村，以新坑口为中心的寿政庆边区成为闽东特委的重要依托地。

沿着蜿蜒山路行驶许久后，我首先来到"中共寿政庆中心县委历史陈列馆"，记忆再度被唤醒。三年多前正值党的百年华诞，那次采访恰逢陈列馆举行隆重的开馆仪式。馆内陈列的一份《告民众书》引起我的关注。1937年年底，面对抗日战争的新形势，寿政庆中心县委根据闽东特委的指示，深入宣传、发动群众："全中国全民族不分党派，不分阶级，一致地联合团结起来，结成坚固的、宏伟的民族阵线，去对付我们的民族的公敌——日本帝国主义。"

因1938年3月的"新康之难"，范振辉书记等49人的鲜血染红这片沃土。中共寿政庆中心县委在历史上仅存在10个月，却影响深远。在我看来，其在偏远的山区很好地贯彻践行了中国共产党"三大法宝"之一的统一战线，同时也为新时代在省委统战部统一部署下，省各民主党派、工商联10年帮扶政和提供了历史依据。

新康之变

当新康村解决了温饱问题，与政和县同步摘掉贫困的帽子，开启了小康新征程。

"小康不小康，关键看老乡。"政和奔小康，新康是重要窗口。

这得从新康地名说起。新康之名源于一条逶迤而来的暖溪穿村而过，岁月变迁，河道改易，不仅留下了美丽的传说，还形成了大小不等的山丘和水塘。故有"七星八宝斗、龟蛇守水口"之称，历史上此地得名"新坑口"。

1938年3月"新康之难"发生后，这里的人民并未停止革命斗争。1941年年初，建松政特委书记陈贵芳派人来到这里发动农民暴动，并在新康暖溪地段伏击伪寿宁县县长及押送壮丁的县保安队，铸就了"不怕牺牲，迎难而上"的斗争精神。从此将"新坑口"更名为"新康"。中华人民共和国成立后，因"新康"这一地名寓意美好，便沿用至今。

从"新康之难"到"新康之变"，很大程度上得益于全面实施乡村振兴战略的新时代。由于其历史贡献、区位劣势、发展条件等诸多因素，新康村成为三任省长挂钩联系的村庄。树立典型，抓好标杆，以点带面，全面推进乡村振兴。政和县委、县政府将新康村作为乡村振兴的突破口。2022年8月，县里主要领导找到返乡创业的乡贤雷希颖，期望他与台湾合伙人一起带领两岸团队为新康助力。

军人世家出身的雷希颖，身形健硕，面容阳光，快人快语，思维活跃。从海外留学归来后，长期从事海峡两岸融合领域相关工作。2015年第十三届海峡青年论坛上，他结识台湾青年范姜锋，一番交流颇为投缘。二人一拍即合，一个两岸携手打造的在地文化IP——卡通朱子IP孕育而生，"大话熹游"文化IP空间也于2015年年底在政和县落地。文化认同是海峡两岸融合发展的根基，两岸团队以"IP导流，资源变现，文旅融合"为思路，不仅为政和，也为南平带来了巨大的"出圈"公益流量。2021年，卡通朱子IP成为南平市创建"全国文明城市"系列创意类海报的"形象代言"。其案例先后入选中央网信办"网络扶贫最佳创新案例"和团中央扶贫实践20例。

聚力"蝶变"
——政和乡村振兴故事

新时代的小康村

新康村（徐庭盛 摄）

聚力"蝶变"
——政和乡村振兴故事

接受新任务进入新康村后,两岸团队以成熟的文化IP为基础,通过打造"小红军"卡通IP,将"红色新康,薪火相传"的理念转化为具象表达,并将新康定位为全国第一个两岸携手打造以红色文化IP赋能乡村振兴的示范性村落。

走进新康村两岸乡建乡创IP馆,这里有清晰醒目的文旅指示标识、陈列展示的农副产品伴手礼、精心规划的红色旅游手绘地图、独具匠心的文创小产品……新康村业已实现全体系的卡通化融合。新康村村书记吕承喜补充了一个细节:IP形象赋能茶叶、笋干、锥栗等农特产品时,原拟用"新康"作为商标,未料该名称已被注册,遂更名为:新康红"。这一细节从侧面印证"新康"之名的丰富内涵。两岸团队以"新康红"推出公众号,鲜明凸显红色主题。

"两大一小"亲子互动、"两天一夜"体验活动,凭借IP辨识度吸引孩子们深度参与。他们在接受红色文化的教育的同时,体验田间摘菜、捞摸鱼螺、制作糍粑、生火造饭等乡村生活。乡村成为滋养孩子们心灵的天然课堂。但两岸团队在运营中也发现现实问题:遥远的路途、曲折的山路导致许多孩子晕车呕吐,这在一定程度上限制了"亲子农文新旅"的发展。对于孩子们来说,新康的山路是问题,但对骑手群体而言,却有独特吸引力。于是,"红色骑士之家"的构想应运而生。

2023年6月29日,两岸团队在当地机车协会的助力下,招募102名骑手齐聚新康村,开展"迎七一,红骑新康行"主题骑行活动,共同庆祝中国共产党成立102周年。沿途风景与骑行乐趣交相辉映,红色文化与心理感悟遥相呼应。当抵达澄源乡梧桐书院大坪时,工作人员引导骑手们有序停放机车,无人机拍摄的画面正好呈现"102"

字样，场景极为壮观，令人热血沸腾！

"骑"聚新康旨在引流消费、助力振兴。两年来，新康村迎来了300多个体验团、2万多人次的打卡，村财收入从原先的20多万元增至2023年的54万余元。两岸团队与新康村共同成立的新康村股份经济合作社获得12万元分红，两岸团队将款项悉数捐出，支持村里教育、文化、卫生事业发展。

新康之新

在三任省长的关心下，打通了新康与寿宁县下党乡的连接公路。这岂止是开辟一条路，更是提供了一种发展思路。

为进一步加强浙闽红色教育党建联建互动交流，2023年3月2日，由政和县主办的闽浙边红色教育党建联建第二次会议在政和县廖俊波先进事迹传习地召开，闽浙边五县（泰顺县、庆元县、寿宁县、松溪县、政和县）成员单位的17个乡镇齐聚政和，围绕"资源共享互补、活动共办互动、交流共研互鉴、产业共拓互融、组织共建互促、流动党员互管"6项内容，共商协作发展大计，并签订闽浙边红色教育党建资源共建共享协议。

在横向拓宽发展的同时，纵向脉络也进一步延伸。2024年10月，新康村成为政和县第一个列入省级乡建乡创样板村的村落。为进一步促进两岸团队的融合，在南平台盟的指导下，成立了福建省首家闽台合资旅行社——雷励锋行旅行社有限公司。其承接的第一个项目，便是为新康村闽台乡建乡创合作样板村制定策划方案。台青范姜锋曾感慨："我才发现，今年中秋节、端午节等好几个节日都是在政和过的，回政和过节已成为一种习惯。"哪里是简单的"回政和过节"，陪伴式服务才是乡建乡创最深情的告白。

样板村创建的关键在于贴合需求、打造亮点、形成可复制可推广的模式，而非单纯用有限的经费弥补短板。为此，政和县对照省住建样板村创建工作指引和实施成效要素，紧锣密鼓地组织相关人员外出观摩学习、交流座谈、借鉴先进经验、细化方案。连台湾青年都笑言，新康村获得省长最佳"代言"！

我还欣喜地了解到，闽台青年人才交流活动已从一个村扩大到全县范围，充分利用"闽台青年融合数字文化IP综合馆"（"大话熹游"IP馆升级版）平台，仅2024一年，两岸团队在政和县城就举办十多场两岸活动，其中包括以台湾13所大学师生为主的"智融两岸，振兴发展"专题活动和以24组台湾及政和家庭为主体的"孝融两岸·忠义海峡"闽台交流活动，为建设两岸融合发展示范区贡献了政和力量。

在诸多活动中，台湾优秀青年范姜锋获评第三届"新政和人"。这是新康之新，政和之新。

四平戏的前世今生

◎魏荣凯

    2025年中央一号文件首次提出"戏曲进乡村",要求建立优质文化资源直达基层的机制,并强调扶持乡土文化能人,引导群众性文体活动健康开展。此前,国务院2015年发布的《关于支持戏曲传承发展的若干政策》已明确将地方戏曲演出纳入公共文化服务目录,通过政府购买服务等方式送戏下乡,改善乡村戏曲基础设施,既为助力乡村振兴、增强文化自信提供支撑,也为四平戏的传承发展筑牢了更坚实的制度保障。

    且泡一盏白茶,且待风尘中走来的佳人共饮。岁月更迭间,踏过时光的足迹,氤氲茶香里仿若隔世。千年之前,那个被誉为"艺术全才"的宋徽宗,尚且在用瘦金体书写着心中的诗情画意,边疆故土,还未传来战乱纷争的消息。白居易说"最是无情帝王家",倘若真是无情,又怎会痴迷于歌舞升平的浮华,执着于君临天下的权柄?

    人间烟雨,最能让人心静如水。苏东坡曾叹"大江东去,浪淘尽,千古风流人物",历史带走多少英雄豪杰,唯余尘封依旧的古意苍凉。距离政和县城近40分钟车程的杨源村,宛如被时光遗忘的地方,静

聚力"蝶变"
——政和乡村振兴故事

政和四平戏在杨源英节庙演出（徐庭盛 摄）

静地躺在群山之间。这里没有城市的喧嚣，不见人潮鼎沸，只有潺潺的溪流、袅袅的炊烟和古老的黄土屋相映成趣。走进杨源村古村落，就像走进了一幅水墨画，山峦起伏，云雾缭绕，仿佛每一步都能踏出诗意。120多栋始建于清末民初的古民居，鳞次栉比地分布在蜿蜒的鲤鱼溪两岸。这条与古村落年龄、已逾百年的溪流，据说最初放养鲤鱼仅是为了净化水源、检测水质，后逐渐演变为特有的爱鱼、护鱼的传统。世代原住民视鲤鱼为守护者，乡规民约明文禁止捕杀，死后的鲤鱼，要将其葬于专门的"鱼冢"。

沿着鲤鱼溪溯流而上，可见一处白墙青瓦的庙宇。时光荏苒，岁月不曾在此驻足，却在悄无声息中见证着年复一年的晨昏更替。一旁的风雨廊桥横跨鲤鱼溪上，桥上供奉神明，香火鼎沸，似在倾听庙宇间数百年来未曾断绝的戏曲余韵。走进庙宇，古老的戏台至今仍保留着清代建制，清脆悦耳的戏曲声依然在传唱着古老的故事，暮色初合，四盏灯笼悬于飞檐之下，摇摇晃晃地照着斑驳的朱漆台柱，那些被风雨剥落的尘埃和木屑里，依稀还藏着百年前金戈铁马入梦的喧嚣声。

唐僖宗乾符五年（878），大唐帝国风雨飘摇，山河破碎，一代枭雄黄巢率部从浙江南下入闽，势如破竹，唐招讨使张谨奉命平乱，两军于政和九战丘激战。刀光剑影间，摇摇欲坠的帝国大军终究没能平息起义军的进攻，张谨与副将郭荣战死，用生命践行李唐王朝最后的尊严。"待到秋来九月八，我花开后百花杀"，黄巢的《不第后赋菊》不仅道尽雄心壮志，更暗含一路势如破竹、号令天下的宏愿。

岁月更迭，沧海桑田，张氏后人在杨源村修建庙宇世代供奉。因张谨后被封为"英杰侯"，此庙遂命名为"英节庙"。从那以后，英节庙成了张氏后裔世世代代供奉先人之所，每逢张谨的诞生八月初六和郭荣的诞生二月初九，便举行隆重的庙会祭奠，这期间连续演出三天三夜的戏曲，以敬先贤。这种被誉为"中国戏曲活化石"的四平戏，历史可以追溯至明代中叶，其唱腔源自明代中叶盛行的四大声腔之一"弋阳腔"，最初在安徽徽州（今安徽歙县）一带流传。明末清初，四平戏随商人、官员等传入福建政和、屏南等地。清代康熙、雍正年间，杨源村四平戏一度兴盛非常，至清代中叶以后逐渐衰落，甚至被外界认为已然失传。直到20世纪80年代，戏曲专家在政和县杨源乡的杨源村意外发现四平戏仍在此完整传承,这一发现震惊了戏曲界。其实,四平戏能在杨源村流传至今,与张氏祭祖活动密不可分。张谨战死后,其后裔定居杨源,并将四平戏带到此地,此后四平戏逐渐成了祭祖活动的重要组成部分。一曲高远而古老的四平腔,在杨源古镇传唱百年。古老的戏台上,一眼万年,庙中台柱上至今留存"三五人可做千军万马,六七步如行四海九州""聊把今人做古人,常将旧事重新演"两副楹联,仿佛跨越桑岁月,仍在述说台上台下的过往。耳畔依稀回荡起那首歌谣:"待上浓妆好戏开场,台上悲欢皆我独吟唱。翩若浮云着霓裳,落幕鬓边皆染霜。"真是十年风雨十年梦,时光易冷难再逢。正如晏殊笔下"一曲新词酒一杯""无可奈何花落去",我们总在感慨岁月匆忙,却任时光如流沙在指尖滑落。

四平戏的道白采用介于普通话与当地方言之间的"土官话",唱腔属高调系统,古朴粗放,句末帮腔,一唱众和,后台仅此锣、鼓、钹、板鼓4种打击乐器伴奏,以鼓为主导指挥,音律抑扬顿挫。其表演风格独特,动作有腾、挪、滚、打,随鼓点缓急进退,不同的角色在说唱、动作、一颦一笑间各有精妙。无论是政和人民耳熟能详的《御赐县名》,或是传统优秀剧目《九龙阁》,还是取材当地传说的《李三娘传奇》,唱腔均字字铿锵,清脆悦耳,加之惟妙惟肖的表演技艺,吸引了十里八乡男女老少驻足观赏。

曲终人未散,灯火映阑珊。古老悠长的曲调在黄昏落幕后告一段落,当台上的演绎者纷纷走下舞台卸下浓妆,人们会发现这是一群当地再朴实不过的农民,他们之中最年长者已84岁高龄,至今仍坚守在舞台之上。他们未曾受过专业的演员培训,更非职业戏曲从业者,仅凭着对文化传承的热忱,以四平戏特有的"口授心传"传帮带模式,

政和四平戏庙会抬阁巡游（徐庭盛 摄）

政和四平戏庙会抬阁入庙（徐庭盛 摄）

在延续着这门艺术的生命力。

政和四平戏作为"中国戏曲活化石",不仅承载着丰富的历史文化内涵,更在当代得到了有效的保护与传承。近年来,政和县积极推进传统戏剧保护工作,在政策扶持、人才培养、剧目创编、阵地建设、文旅融合等方面积极实践探索,走出一条"古老剧种+文旅融合"的多元结合发展路径。如今的四平戏剧团从最初的人员单薄发展至拥有 65 名艺人,近几年累计投入 50 多万元添置道具、乐器等硬件设备,并争取到中央专项资金 960 万元,新建的政和四平戏展演中心已竣工使用,内设演出剧院、展厅、排练厅、演职员宿舍、会议室等,为四平戏的发展奠定了坚实的硬件基础。近 5 年间,当地统筹上级公共文化、非遗专项资金,累计开展送戏下乡、送戏进校园演出活动等500 多场,让更多人近距离领略到政和四平戏的艺术魅力,同时也借助这一平台扩大了政和白茶的影响力,使其成为宣传政和县的重要文化名片。

四平戏与乡村振兴的联动,既是文化自信的彰显,也是文化赋能乡村的实践样本。它正以多元路径激活乡村内生动力。展望未来,需进一步推动政策落地、深化跨界合作,让四平戏在守护乡土文化根脉的同时,成为乡村振兴的"精神引擎"与"经济催化剂"。四平戏的历史脉络在岁月络中生生不息,其当代传承也将持续焕发光彩,让更多的人领略到传统艺术的独特魅力,推动中华优秀传统文化在新时代绽放更加绚烂的光芒。

念山之变

◎ 罗小成

站在稔泰阁俯瞰,念山村落顺应自然地形,分布在丘陵台地上,层层叠叠,错落有致。

念山之念,在于创新了业态。稻田农耕、亲子趣游、怀旧经济,念山都有。但印象最深的,是当地放大了厝角海拔520米的地理位置特色,发展"浪漫经济",这里成为越来越多"有情人"向往的"诗和远方"。

念山之变,在于彼此"共生"。党建引领,梯田变景区;合作共赢,村民变股东;文旅融合,小乡村变大舞台……无论当地村民、创业青年,还是乡村党政干部,他们坚信乡村振兴的路上,是大家聚力同心,携手同行。

念山村建于唐代,唐乾符五年(878)黄巢起义军在处屯兵,为纪念黄巢改为黄念山,亦名黄地山,又称念山。该村地处中亚热带季风湿润气候带,雨水充沛,土壤肥沃,林草覆盖率达75%,海拔300—800米,村庄分布于海拔400—600米之间。

千亩梯田如天阶般盘旋而上,春时青翠如碧,夏日稻浪滚滚,秋

念山梯田（余明传 摄）

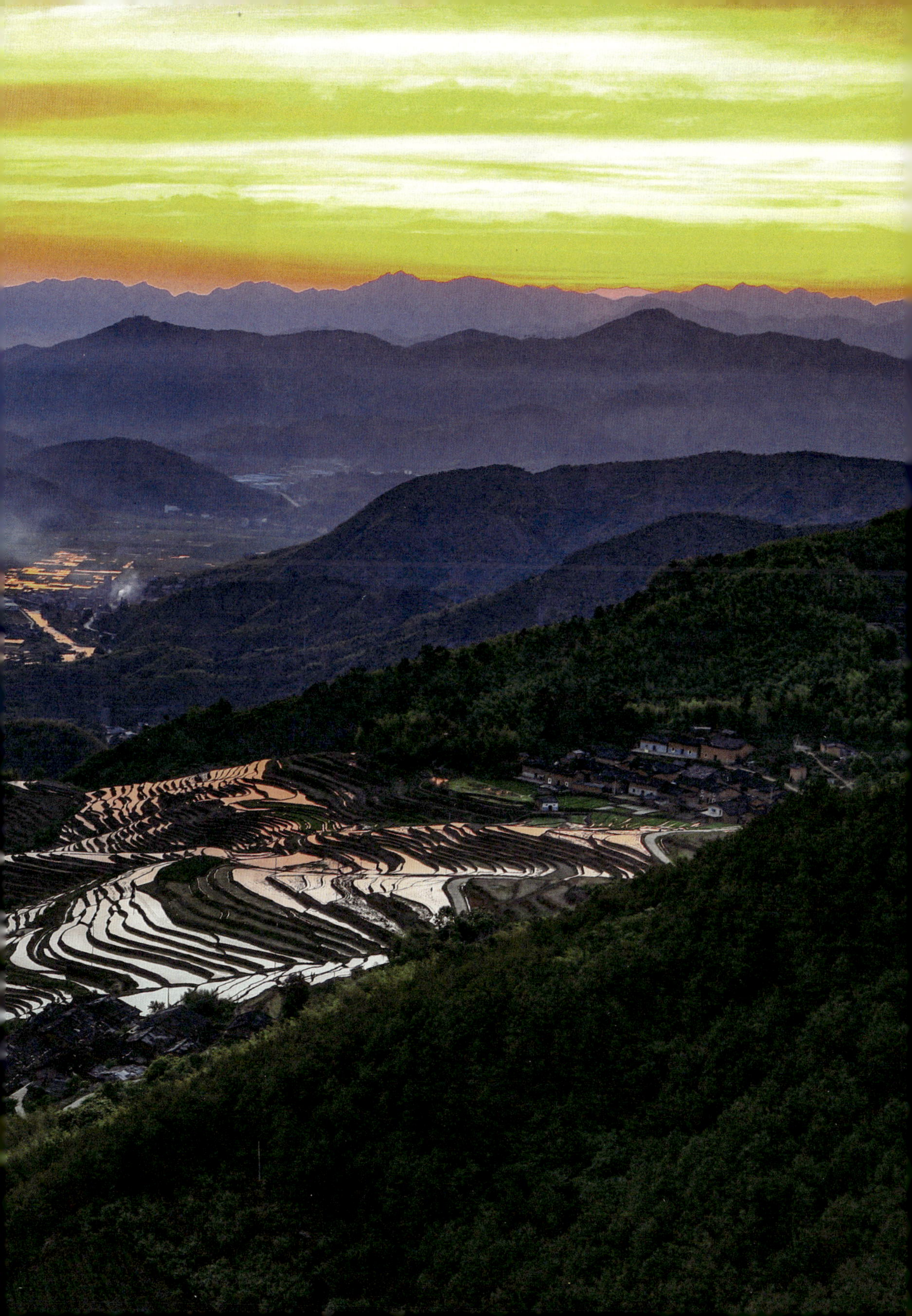

聚力"蝶变"
—— 政和乡村振兴故事

日镏金似画,冬日镜面倒映着流云,四季流转皆为诗。然而,十年前的念山,却是另一番景象:泥泞的山路通行艰难,山地里的农副产品无人问津,年轻人纷纷背井离乡,留下老人守着黄泥墙与古树叹息。那时念山,是"美得令人心痛,穷得让人揪心"。

绿水青山就是金山银山。念山村建立了12个保护古村落党员"示范岗""责任区",协同林业部门修复450亩抛荒梯田,形成600亩小型人工湿地区,维护梯田资源的完整度,建成华东地区线条最美、规模最大的复合型国家湿地公园。2023年8月,该湿地公园通过国家验收。

以念山村为中心村建立党建党总支,建立常态多元主体参与的议事协调机制,依托"发展碰头会""夜谈会"等形式,打通党员代表。驻地企业、村庄能人等群体议事协商通道,有序推动联建村、企、合作社等协同发展。建立党员先锋队、青年突击队、巾帼服务队等,形成"有事一起上,发展一路跑"的干事氛围。落实好"三单四定"工作体系(即列出资源、活动、目标,明确人员、责任、措施、时限四定举措),区域协同解决了发展难题,助力共建机制取得扎实成效。

探索"内育+外引"的培育措施,依托产业项目吸引人才服务联合发展。对接农校、电大,

念山之变

厝角（郭斯杰 摄）

开展农业专业技能培训，在培育"土专家""田秀才"等新型职业农民人才队伍上下功夫，成立大棚果蔬专业合作社、富峰农副产品专业合作社等，推动行业交流，抱团发展。开启"政校村"合作模式，发挥武夷学院院士工作站示范点优势和科技特派员"智囊"作用，推动高技术人才到村开展农业教育等服务，引入新型科技成果，着力破解农业生产过程中遇到的土壤酸化严重、传统塑料薄膜污染等实际难题。

推进落实"多村合规"的发展观念，对东峰、念山、东山统一进行村庄规划，项目集中统一实施，梯度推进乡村振兴。以"旅游经营权外包，旅游收益共享"的合作模式，委托星溪旅游开发有限公司统一经营管理，整合联村旅游资源，推出乡村旅游精品路线。以宣传推介为重点，深入挖掘念山农耕文化，组织策划各类文体活动，切实打响知名度，辐射带动联建村区域旅游快速发展。抓智慧农业产业建设，建立党员创业致富示范基地，实现胭脂红米、阳光玫瑰葡萄、花卉等经济作物规模化种植，逐步打造乡村旅游和农业产业融合发展"经济圈"，形成了区域集体经济一体化发展的良好氛围。

汇聚"新乡贤""新农人"等力量，引进社会资本400多万元，丰富"休闲茶室""星空露营基地"等旅游业态，整合现有的3家民宿、4家农家乐资源，推出念山"三烤"、黄巢豆腐宴、鸭头煲等特色菜品，新建"云上梯田、中国念山"等网红打卡点，以美食美景为亮点，吸引10万游客游玩打卡。举办大学生星空露营文化旅游节、念山云上梯田农耕文化旅游节等活动，解锁"民宿+农耕文化+星空露营"等文旅体验，主动对接各级媒体全方位宣传推介，持续提升念山景区的美誉度。

李昊，人称念山的大女儿。2015 年，响应国家旅游局"旅游规划扶贫"的号召，这个当时还在华侨大学旅游学院读硕士研究生的河南姑娘，跟随导师来到了念山做旅游规划。在念山工作期间，星溪乡、念山村两级干部的实干精神和念山乡亲们淳朴善良深深感动了李昊。她暗下决心，一定要利用自己所学到的知识，帮助念山的乡亲们脱贫致富。有了目标，李昊和她的团队全身心投入工作。2016 年，经过李昊和团队的共同努力，念山被评为国家 AAA 级景区。

倪倩玲，人称念山二女儿。她是念山人，但从小随在外地工作父母身边。长大后，她回了几次念山，家乡的自然风光让她留恋。随着念山旅游的开发，家乡面貌日新月异，让她更加坚定了回念山、回家乡工作的决心。2017 年，念山旅游开发公司招聘解说员，她积极报名参加应聘，最终成为念山的一名解说员。参加工作后，她编写了一套独具自己风格的解说词，讲解通俗易懂，娓娓道来，让游客沉醉于念山的美丽传说和秀美风光。

方丹丹，人称念山三女儿。她是土生土长的念山姑娘，在上大学读美术专业，经常在外写生。通过对比，她还是感觉自己家乡最美。她立志一定要回家乡，开创自己的事业。当她知道家乡念山开始发展旅游业后，毅然辞去工作，回念山创办"然汐小筑"民宿，与家人一起精心管理经营。如今，"然汐小筑"民宿已小有名气，成为游客们在游玩念山风景后的首选下榻之处。

念山的三个女儿，生活经历不同，性格爱好不同，但是她们都有一颗热爱念山的心，在不同的工作岗位上，用自己的努力，与念山的乡亲们，一点一滴地改变着念山，让念山更加靓丽，让来念山游玩的人更加愉悦。

聚力"蝶变"
——政和乡村振兴故事

向云端咖啡馆（魏重垚 摄）

2024年10月，以念山村厝角自然村为样板，念山云上梯田厝角业态群一期改造项目展开，进一步激活了当地梯田美景、农耕文化资源优势，加速推进念山农文旅产业融合。

"不仅是被这里的美景吸引，还被这里的好政策吸引。""向云端"咖啡馆主理人尤倩倩和她的伙伴们一直在寻找适合的乡村创业项目。她感慨："政府提供场地，做好配套，还免第一年的租金。只要有技术，拎包来就能当老板了。"

被念山的好政策、优质服务引来的还有"小拾光"主理人胡子航。"原来在线上做生意，现在终于有一家自己的铺子了。"胡子航说，这里青年创业氛围很好，大家互帮互助，从陌生人成为朋友。

走进拾忆童食铺，铁皮饼干盒里藏着跳跳糖的雀跃，老式电视机循环播放《西游记》，铝盖汽水瓶碰撞出供销社年代的清脆回响。这里，每一份零食都是一份味觉档案，唤醒了一代人的集体记忆。在云边铺子购物，晨露浸润的东平辣酱散发醇厚鲜香，暗香浮动的富美白茶氤氲着岁月静好，甘冽的高粱酒与金黄地瓜粉丝交织出淳朴风味，让每位游客的舌尖都能漫游政和的灵秀山川。

目前，念山云上梯田景区厝角业态群融入念山农耕文化、梯田稻米等本土资源，打造了"向云端"咖啡屋、"有间米铺"、"云边铺子"、"小拾光"、"拾忆童食铺"等特色店铺。同时，当地进一步放大厝角自然村地理位置优势，开发"缦田听山"木屋民宿、林月露营基地等新兴业态，发展"浪漫经济"，让连片的发展更好地带动乡村的振兴。

从贫困村到大力发展乡村旅游，念山村获国家级湿地公园（试点）、国家AAA级景区、中国美丽休闲乡村、全国生态文化村和中国传统村落等多个"国字号"招牌，在壮大集体经济的同时，真正地带领当地百姓脱贫致富。这里有党员的初心、游子的乡愁、村民的汗水，更有时代赋予的机遇。

如今的念山，梯田依旧层叠，但每一道田埂都镌刻着希望；炊烟依旧袅袅，但每一声笑语都回荡着自信。这里，不仅有大自然的馈赠，更有一群人，用信念与智慧，将山野的寂静谱成振兴的欢歌。

聚力"蝶变"
——政和乡村振兴故事

此心安处是吾乡

◎余开香

初见"梨乡山舍",心中便涌起一股久违的安宁。它保留着原住房的土木结构,两层小楼,像极了浙江老家的外婆家。我特意选了一间与小时候和外婆共眠的房间相仿的房型。"父母在人生尚有来处,父母去人生只剩归途。"每当看到有人返乡走亲访友,我总会思索,我的家乡究竟在何方?是远在浙江那个已被拆迁的自然村,还是父母生前工作过的地方?自从在《时空政和》上读到许多"新政和人"的感人事迹后,那句"此心安处是吾乡"犹如一道温暖的光束,穿透生活的迷雾,直抵心灵深处。带着对家乡的思索,不妨走进政和县,探寻这里是如何让"外乡人"找到心灵故乡的。政和县拥有千年以上的建县史积淀,自古便政通人和、人文荟萃,是朱氏家族入闽首站、朱子文化的重要孕育地、朱子孝道思想实践地,被誉为"先贤过化之乡"。那么,是什么让众多"外乡人"在此扎根,从"外乡人"变为"本地人",内心安定地奉献于此呢?

来自浙江省永嘉县的黄海东,2017年响应政和县招商引资政策前来考察。廖俊波书记那句"一个项目落地需要千百个理由,一个项

第三届"新政和人"表扬大会（余长青 摄）

目不落地只需要一个理由"的话语深深打动了他。政和"拿地即开工"的工作机制、"跨省通办"服务，以及"小吏大权"问题专项治理等举措，让他全无后顾之忧。更让他心动的是政和的绿水青山——晨雾中的佛子山若隐若现，七星溪的碧波倒映着千年廊桥，这般山水画卷让无数创业者甘愿将人生蓝图绘就在此，他又怎肯放过这块"风水宝地"？经过深思熟虑，他创立了福建贝德阀门有限公司。起初，他对产业在政和的持续发展有所顾虑，但随着经济开发区产业环境日益成熟，工厂不断发展壮大，他的信心也与日俱增。此后8年间，他新增30亩工业用地，建设新型工厂，为政和工业经济发展注入新活力。他还被政和淳朴的民风所感染，主动投身公益事业，向教育发展促进会、公安民警英烈基金会捐款，资助贫困学生。他感慨道："政和政

聚力"蝶变"
——政和乡村振兴故事

通人和、生态优美,是一方创业生活的热土。我的公司刚好在政和县同心工业区,注定和政和是'同一颗心',我在此一切顺遂,'新政和人'的称号让我倍感温暖,这里就是我的'第二故乡'。"

同样来自浙江的朱军伟,2003年来到政和投资办厂,经营福建一家工贸有限公司,专业从事竹制品研发、生产与销售,年产值达7000多万元。这个数字在竹制品行业中堪称亮眼,相当于每秒钟就有一件产品从生产线走向全球餐桌。他认为政和竹产业潜力大,竹资源丰富,运输无须中转,且营商环境优渥。在政和近20年,他心无旁骛,深耕于此,不仅主动牵线搭桥招商引资,从浙江引进三家企业,还积极参与公益活动,为爱心扶贫基金、廖俊波乡村教育基金等捐款。在竹香氤氲的车间里,朱军伟轻抚着温润的竹坯,像对待艺术品般精心修整边角。十八载春秋,这个浙江客商已能用纯熟的政和方言与老师傅探讨火候把控,眼角笑纹里沉淀着对第二故乡的深情。他说:"我的公司名为'一家工贸',140多名员工中90%都是老员工,大多是政和本地人,和我亲如家人。我早已把这里当作'第二故乡',尽己所能做点事是应该的。"

来自建瓯市玉山镇的85后徐丹,2007年毕业后就来到政和,如今是政和县医院综合科的一名护理人员。在这里,她结识了许多志同道合的朋友,还遇到了另一半——同样是外地人的内科医生欧阳景湘。2012年和2016年,他们迎来了两个可爱的儿子。徐丹说:"政和县是个很适合居住的地方,不仅八届蝉联'全国百佳深呼吸小城',还获评'福建省村庄清洁行动成效突出县'。这里人情味很浓,有天我还收到了一幅我的肖像画,让我感到很暖心。"十多年来,她和丈夫在政和生活、奋斗、收获、成长。徐丹表示,因为政和,她收获了爱情和家庭，她爱这里的一切，愿继续为这片土地上人们的健康贡献力量。

当然，能让众多"外乡人"在此扎根，变为"本地人"。内心安定地奉献，"新政和人"的评选活动在其中发挥了重要作用。自2021年起，每年评选10名优秀"新政和人"，至今已开展三届，评选出30名代表。该活动秉持文明平等理念，以"包容和谐"感召留政人员；坚持诚心诚意，以"特色礼遇"助力他们成就事业。多名"新政和人"被推荐为"两代表一委员"，获评市、县两级"廖俊波式好党员、好干部"。金融机构为他们提供信贷支持，政府相关部门，还针对优秀"新政和人"出台安排公办学校学位、免费体检等政策，

外乡人在政和经济经济开发区务工（余长青 摄）

切实解决其后顾之忧。

我想,于专注热爱之事中实现自我价值、收获内心宁静满足时,所在之地便是心灵故乡。黄海东、朱军伟、徐丹等"新政和人",在政和找到了事业的发展方向,感受到了淳朴的民风和温暖的关怀,他们用行动诠释了"此心安处是吾乡"的真谛。政和"筑巢引凤""以情留才",不断增强外乡人在政和的归属感、认同感、幸福感和荣誉感,让外乡人在政和"安心、安家、安业",成功将他们转变为"本地人"。这里县域流动人口连续10年实现正增长。如今,政和县不仅吸引了众多"新政和人",还涌现出一批有德行、有才能有声望的"新乡贤",以及掌握新理念、新思维、新方法、新技能、新渠道、新组织形式的"新农人",他们在家乡创业兴业,回馈家乡、服务家乡、建设家乡,共同为乡村振兴贡献力量。

政和通过一群人带动一批人,通过一批人传递榜样的力量,以"新政和人"的奋斗故事激发全县干事创业热情。在乡村振兴这片广阔天地间掀起发展热潮,将人员"流量"转化为经济"增量",加速城乡融合发展,全面推进乡村振兴。在充满光荣和梦想的新征程上,政和正奋勇争先,为建设闽浙边现代化生态新城谱写崭新篇章。

后　记

《聚力"蝶变"——政和乡村振兴故事》即将付梓，书稿充满墨香。在这墨香中，我们仿佛嗅到山野的清新和田野的稻香，仿佛看到政和这块红色土地在全面实施乡村振兴中绽放的朵朵绚烂之花，目睹政和"聚力"推动乡村走向振兴的铿锵步伐。

甲辰岁末，福建省乡村振兴研究会组织了20多位作家，深入政和采风。作家们扎根乡村，深入基层，实地考察，走访百姓，被政和蓬勃开展的乡村振兴图景、动人的乡村振兴故事所感染，被和美乡村的绿色生态所吸引，被政和乡村振兴的探索创新和斐然成效所打动。作家们深情地说："政和乡村变了，在摆脱贫困之后，又在全面实施乡村振兴中实现'蝶变'，在红色土地上谱写出'政和篇章'。"作家们在采风之后达成共识，红色资源、绿色生态是老区苏区乡村振兴的优势所在。怀揣这份感动，他们潜心创作，写出了一个又一个感人的故事，促成了本书的问世。

本书是福建省乡村振兴研究会与政和县委、县政府携手合作的全省第一本反映县域乡村振兴故事的文集，开启了讲好乡村振兴福建故

聚力"蝶变"
—— 政和乡村振兴故事

事的另一个系列。福建省乡村振兴研究会高度重视本书的创作和出版，会长办公会议多次研究部署，提出要求。政和县委、县政府以及县委宣传部、县文联为作家采风创作做了大量筹备工作，为书稿成型创造了良好条件。

受限于采风时间与覆盖范围，书中或许尚有"遗珠"未拾；加之经验不足，故事讲述还不够生动，存在诸多不足，恳请读者朋友批评指正。

政和的乡村振兴是全省乡村振兴的一个缩影，也是老区苏区乡村振兴的缩影。希望读者通过阅读，触摸到福建省乡村振兴的激情脉动，聆听福建省乡村振兴的奋进强音；更期待本书能吸引您走进政和，去实地体会乡村悠久的历史底蕴，领略红色土地的绿色生态，见证触动乡愁的乡村"蝶变"。